The Buffettology Workbook
億万長者をめざす
バフェットの銘柄選択術

メアリー・バフェット、デビッド・クラーク 著　井手正介・中熊靖和 訳

日本経済新聞出版

THE BUFFETTOLOGY WORKBOOK

by Mary Buffett and David Clark

Copyright ©2001 by Mary Buffett and David Clark

BUFFETTOLOGY

by Mary Buffett and David Clark

Copyright ©1997 by Mary Buffett and David Clark

All rights reserved, including the right of reproduction

in whole or part in any form.

Japanese translation rights arranged with

Simon & Schuster,Inc.

through Japan UNI Agency,Inc.,Tokyo.

　　　　　　　　はじめに

　この本は、ウォーレン・バフェットの銘柄選択術を伝授するために書かれたものである。バフェットは「相場を張る」タイプの投資家ではない。事実、彼は過去40年間にわたって、ウォール街を風靡したあらゆる「相場」を注意深く避けて通ってきた。それがインターネット革命をはやしたものであれ、バイオテクノロジー・ブームに乗ったものであれ、それらすべての相場をパスし、そこから1セントたりとも儲けたことはない。しかし、こうした無数の宝船がウォール街を通り過ぎるのを傍で眺めながら、バフェットは10万5,000ドルを元手に始めた株式投資で、実に300億ドル以上の富を築いてきた。

　一体、バフェットは、株式市場の主要な相場に賭けないで、どのようにしてウォール街一の億万長者になれたのだろうか。これはまことに興味深い話ではないか。

☆市場の短期指向の裏をかく

　その答えは自明ではないものの、きわめて単純ではある。バフェットは相場を張る個人投資家や機関投資家の裏をかくことによって、これだけの富を築いてきたのである。バフェットこそ、大多数の投資家の近視眼的な行動がもたらす愚かな結果を、徹底的に利用するタイプの投資家なのだ。短期間に大きく儲けようとする投資家は、どこかで目先の利益に走り、愚かな行動をとってしまう。バフェットはそういう瞬間を辛抱強く待ち続け、そこにつけ込む。まるで略奪者のようではないか、だって？　まさにその通りなのだ。

　バフェットはそれを誰よりも巧みに実践できる稀有な人物といってよい。というのも、彼はほとんど誰も気づかなかった市場の真理を見出したからだ。個人であれ機関投資家であれ、株式市場に参加する投資家の95％は、バフェットの言葉を借りれば「近視眼的」なのである。彼らは短期的な出来事

に反応して、常に好材料で買い、悪材料で売る。

好材料の中には、近い将来表面化する複雑な買収案件に関するものもあれば、今四半期の1株当たり利益の上方修正や、株価が目先急騰するといった単純な噂もある。悪材料にしても、業界全体が不況に陥るといった大きな問題から、今四半期の1株当たり利益が予想よりも数セント下方修正されるといった小さなものまで様々だ。

銘柄に関するこうした好材料が強気相場と組み合わさると、しばしば株価は雲の上まで舞い上がることにバフェットは気がついた。俗に言う「好材料（グッドニュース）現象」である。その逆もまた真である。弱気相場の下で悪材料が伝わると、株価は急降下することが多いのだ。「悪材料（バッドニュース）現象」と呼ばれているものだ。

そして、このいずれの場合にも、株価はその企業の長期的な基本的経済価値とは全く無関係に動くのだ。つまり市場参加者の短期指向のために、時として大幅に過大評価されたり過小評価される銘柄が生まれるのである。

☆隠れたスター候補を探し出す

しかし、バフェットの見るところ、長期的に株価水準を決める基準となり、その企業の事業価値を適正に反映するよりどころとなるのは、その企業の基本的な経済価値なのだ。だから、市場が過大評価した銘柄の株価はやがて下方修正され、投資家は泣きを見ることになる。結局、その時々に持てはやされる銘柄への投資は、金脈にたどり着く代わりにゴミの山と化し、多くの投資家の財産を奪ってしまう。その一方で、市場で見落とされ過小評価されていた多くの銘柄がやがて見直され、それに投資した人々は大いに報われる。言いかえれば、今の相場では見向きもされない銘柄の中に、将来のスター候補が隠れているのだ。

この、バフェットを魅了してやまない宝探しの鍵はどこにあるのか。それは市場の短期指向が偉大なビジネスの価値を大幅に過小評価している「タイミング」を見極めるところに

ある。実際、バフェットは富のほとんどをそれにもとづいて築いてきた。

　彼が到達した結論は、次のようなものである。つまり、株式市場は時として、偉大な企業に関する悪材料に過剰反応して売り浴びせることがあり、その銘柄に妥当な評価を下している数少ない投資家に絶好の買い場を提供してくれるのだ。繰り返しになるが、ほとんどの個人投資家や、投資信託などの機関投資家のファンドマネジャーは、悪いニュースが出ると決まって売る。バフェットはこうした動きを忍耐強く待ち構えていて買い出動し、できるだけ大量の株を購入する。時が経てば、企業の長期的な経済価値が株価をより妥当な水準に引き戻すことを十分心得ているからなのだ。だから、ウォール街全体が目先の悲観論や暗い見通しに引きずられて、普通なら十分予測できるはずの健全な企業の経済価値を見誤っている時こそ、株の仕入れ時なのである。

　バフェットはまた、好材料をはやした強気相場の下で思惑に賭ける投資には決して手を出さない。得意ではないのだ。ヤフーなどには全く興味がないし、ルーセント・テクノロジーズやCMGIをはじめ、インターネット・バブルで舞い上がったハイテク銘柄群とも無縁だ。バフェットの得意とするゲームは、人気銘柄を避け、しっかりした事業を営む企業の株価が目先の悪材料によって売り込まれる時なのだ。

　ほとんどの投資家が尻込みする時、バフェットはひとり突き進んでいく。そのバフェットを支えてきたのと同じ確信を、読者の皆さんにもぜひ身につけてほしい。このワークブックではそのための方法を習得できるように工夫している。銘柄選択と投資タイミングの両方について、バフェットが用いる方法論と自問自答のプロセスを、ステップを踏んでひとつずつ手ほどきしていく。そこでは、どのタイプの企業が長期的なファンダメンタルズ（基礎的条件）から見て有利かを知るだけでは十分ではない。同時に、どの銘柄に対していくらで投資するのが適正かも知らなければいけない。もし株価が高すぎれば、その企業がいかに優れたファンダメンタルズを持っていようと、その銘柄に対する投資パフォーマンスは投資

期間全体にわたって大きなハンディを負わされてしまう。正しい銘柄を十分低い株価で購入することによって初めて、あなたはバフェットと同様、ソロモン大王のような豊かさを享受できるのである。

☆実践に必要なガッツを身につけよう

　本書の前半では、バフェットの方法論の質的な面に焦点が当てられている。ここでは個々の企業の長期的なファンダメンタルズの強さと質の高さを、バフェットがいかに見極めるのかを学ぶ。より具体的には、その企業のファンダメンタルズが、そもそも株価が売り込まれる原因になった当面の嵐を乗り切っていけるだけの力強さを持つものなのかどうかの判断である。これを通して、バフェットの偉大さが、一握りの優良企業群の長期的な投資価値を見定める能力ばかりでなく、そうした銘柄が時として市場で著しく割安に評価されている局面を見極める能力にあることがわかる。

　後半では数量的分析を扱っている。優良企業に投資するとして、妥当な株価はいくらなのかを算定する公式を学ぶ。バフェットは「複利ベースの年平均投資収益率（年平均リターンともいう）」を予測し、その水準が「企業のオーナーとして」正当化するのに十分な高さになるような低株価の時に購入する。この平均投資収益率の予測はいくつかのステップを踏んで計算されるが、その計算方法は本書の中で詳しく説明されている。

　この計算にはパソコンソフトの「エクセル」を使うと便利である。かつては一部のプロしか享受できなかったＩＴ（情報技術）も、今では誰でも簡単に利用できるようになった。細かい財務的な計算は苦手だと思っている読者にも、心配ご無用と申し上げたい。本書を読み進んでいくうちに、投資収益率の予測計算をこなしている自分に気づくこと請け合いである。

　巻末にはいくつかのケーススタディと模範例が用意されている。これはバフェットの銘柄選択と株式の本質価値を計算

する方法を、読者のみなさんが自分で使えるように支援するためのものである。バフェットの投資眼を読者一人一人が体得するために、ここに用意された一連の設問と計算例に取り組んでほしい。

　このワークブックをまとめるに際して、私たちは前著『バフェットロジー』（*Buffettology*）で紹介した事例の多くをレビューし、それらの多くがいぜんとして有効であることを確認した。この２冊の本は補完的な関係にあり、もちろん両方読んでいただければ、バフェットの投資手法についてより深い理解が得られるだろう。『バフェットロジー』はバフェットの「オーナーの視点に立った投資（Business Perspective Investing）」の考え方の解説に重点があり、このワークブックは、バフェットが株式市場の短期指向を利用して前代未聞の高収益率を実現したプロセスを詳細に紹介している。

　読者のみなさんは、バフェットの言う短期指向がいかに株式市場の隅々にまで浸みわたっており、またそれなくしてバフェットは１セントたりとも富を築くことができなかったことを思い知るに違いない。現実に市場は近視眼的行動に満ち溢れており、それを利用して史上稀な富を築いたのがほかならぬバフェットなのだ。

　誤解しないでほしい。バフェットの投資手法は比較的単純なものだが、それは人間の本能に反するものでもあるのだ。過去を振り返って正当化するのは簡単なことである。だが、将来に向かって同じことを実行するのは数段難しい。本書を読んで、その内容を理解する人は大勢いるにしても、それを実践する勇気を持っている人はきわめて少ないに違いない。悪材料が出た時に買い向かうのは、「言うは易く行うは難し」である。バフェットの投資手法を十分に理解し、実践に必要なガッツを身につけた数少ない読者は、遠からず、尽きることのない宝の井戸を掘り当てられるだろう。

　さあパソコンをオンにして、鉛筆とメモ用紙を用意し、最初の１億円に向けての道筋を立て始めようではないか。

KEY POINT

● バフェットはインターネット関連などの人気銘柄には一切関心を払わない。
● バフェットによれば、大半の投資家は短期指向で、好材料で買い、悪材料で売る。
● 株式市場の短期指向によって、時として価値の高い優良企業の株価が大幅に割安に評価されることがある。
● 悪材料で買うのがバフェットの基本スタンスである。
● バフェットの偉大さは、ほかの投資家が全く無視している優良企業の長期的な投資価値を見出す能力にある。

自習問題
1. あなたにとって、好材料と悪材料のどちらにもとづいて株式投資をするほうが楽か。
2. バフェットは好材料と悪材料のどちらを重視するのか。それはなぜか。
3. ほとんどの投資家はなぜ長期的観点ではなく、短期的視野で投資をするのか。
4. あなたは相場が上がってしまってから、自分も思い切って投資しておけばよかったと悔やんだことはあるか。それはどんな銘柄だったか。それを買ってずっと保有していたとすれば、どのくらい儲けが出たか。

YES or NO
1. バフェットは大幅に割高になっているインターネット銘柄に関心を示す。
2. バフェットが企業に関心を示すのは、業績見通しに関する好材料が発表されて株価が上昇し始めた時である。
3. 株式市場は時として長期的には有望な銘柄を過小評価することがある。

4．超優良企業でも悪材料現象の犠牲になることがある。

答え（YES or NO） 1 No, 2 No, 3 Yes, 4 Yes

目　次

はじめに　1

バフェットの銘柄選択

第1章
市場からの永遠の贈り物──短期指向と悪材料現象　13

第2章
バフェットが重視する優良企業とは　17

第3章
コモディティ型企業は避けよう　21

第4章
消費者独占型企業とは──バフェットの富の源　35

第5章
消費者独占型企業を見分ける8つの基準　45

第6章
消費者独占型企業の4つのタイプ　71

第7章
絶好の買い場が訪れる4つのケース　83

応用編

バフェットの方程式

第8章
なぜ安値で買うことが大切なのか　95

第9章
利益は安定して成長しているか　101

第10章
買値こそ投資収益率の鍵を握る　107

第11章
利益成長率から見た企業の実力　111

第12章
国債利回り以下では投資と呼べない　117

第13章
バフェットが高ROE企業を好む理由　121

第14章
期待収益率の水準で投資を判断する　131

第15章
コカ・コーラ株の期待収益率と実績　139

第16章
疑似債券として見た時の株式　149

第17章
利益成長率から期待収益率を求める　155

第18章
自社株買戻しが株主の富を増やす仕組み　159

第19章
本業による利益成長か財務操作か　167

第20章
経営陣の投資能力評価　171

第21章
インターネット時代のアービトラージ戦略　177

第22章
バフェット流投資のためのワークシート　187

第23章
3つのケーススタディ　197

訳者あとがき　225

＜本書に登場する主な財務指標＞

1株当たり利益：EPS（earnings per share） $\dfrac{\text{税引利益}}{\text{発行済株式数}}$

1株当たり純資産（「1株当たり株主資本」ともいう）：
BPS（book value per share） $\dfrac{\text{株主資本}}{\text{発行済株式数}}$

株価純資産倍率：PBR（price book value ratio）
$\dfrac{\text{株価}}{\text{1株当たり純資産（BPS）}}$

株主資本利益率：ROE（return on equity） $\dfrac{\text{税引利益}}{\text{株主資本}}$

株価収益率：PER（price earnings ratio, P/E）
$\dfrac{\text{株価}}{\text{1株当たり利益（EPS）}}$

益利回り（earnings yield） $\dfrac{\text{1株当たり利益（EPS）}}{\text{株価}}$

直利（直接利回り）（current yield） $\dfrac{\text{今期の1株当たり利益}}{\text{購入株価}}$

注：将来の成長性を織り込まずに、今期の利益が全額配当された時の利回り指標

［基礎編］

バフェットの銘柄選択

第1章
市場からの永遠の贈り物
――短期指向と悪材料現象

「短期指向」とか「悪材料現象」とは何を指すのか、それはバフェット流投資とどのように関係するのか。その答えがすべてを解き明かす鍵である。

☆一攫千金の夢に取り憑かれる人たち

　もし大半の投資家が近視眼的でなかったなら、バフェットはこの世で最高級の銘柄群を大幅に割安な価格で購入することはできなかったに違いない。27年前、1株当たりたった6ドル1セントで170万株取得したワシントン・ポストの株価は、最近では500ドル前後になっている。当初彼が投資した1,020万ドルは8億6,380万ドルに増えた勘定だ。これを所得税を払う前の段階で計算すると、年平均17.8％で増え続けたことになる。同じことは、12年前にバフェットが5ドル22セントで購入したコカ・コーラ株についてもいえる。同社の最近の株価は50ドル前後に達しており、やはり税引前ベースの年平均投資収益率は21％に達しているのだ。
　資産運用の世界に足を踏み入れて比較的早い時期に、バフェットが気づいたことがある。それはインターネットを使うデイトレーダーであれ、何十億ドルもの資金を預かる投資信託のファンドマネジャーであれ、株式投資家の95％はただただ一夜にして大儲けすることしか頭にないということだ。口先では長期投資の重要性を強調する人たちも、実際の行動を見れば目先の利益追求に終始していることがわかる。
　投資家の知的レベルがどんなに高くても、こと株式投資に

なると話は別だ。そこは動物的本能が支配する世界だということを、バフェットは見抜いたのだ。誰か投信のファンドマネジャーをつかまえて聞いてみるといい。彼らは毎年、「できる限り高い投資収益率をあげよ、という大変なプレッシャーの中で日々運用している」と告白するだろう。なぜなら投資信託とは、毎年の運用ランキングで上のほうにくるファンドにしか興味を示さない一般投資家向けに売られている商品だからだ。かりにそのマネジャーの投信が最下位10％の成績なら、そんなファンドを売り込むために多額の広告宣伝費をかけることなど絶対しないだろう。そのマネジャーはクビになり、やり手でアグレッシブな若手が取って代わるだけである。

「まさか」ですって？　それならあなたの知人に、なぜその投信を買ったのか尋ねてみるといい。おそらく、そのファンドが運用ランキングの上位にあったからだと答えるだろう。投資に潜む動物的本能は、普段はどんなに賢明な人々であっても、大切なお金を短期の相場に賭けるゲームに注ぎ込ませてしまうものだ。だから投信マネジャーが個人的にどのような信念の持ち主であろうと、最高の短期の値上がり益を追求するのが職をつなぎとめるための唯一の方法なのだ。

☆「悪材料で売る」のが市場の本質

　もうひとつ、短期の相場に賭ける投資家の共通点としてバフェットが気づいたのは、保有株に関して悪材料を耳にすると必ず彼らが「売る」ことだ。短期の相場ゲームで大儲けする唯一の方法は、株価が上昇し始める前にいち早く仕込み、下落する直前に素早く売り逃げることである。そのためにはその銘柄に関する最もホットな情報を入手する必要がある。プラスの業績予想が伝われば株価は上がり、逆なら下がる。実際にその企業の1株当たり利益が1～2年後に増えているかどうかは、全く関係がないのだ。みんなが注目するのは、要するに今日市場で何が起こるかなのだ。今週の相場が強そうなら人々は株を買うし、来週が弱そうなら売る。これが投

資信託の組み入れ銘柄の入れ替えがあんなに激しい理由である。投信のマネジャーは「今年のトップ投信」という栄冠を得るために、競争相手を出し抜こうとして多数の銘柄を日々頻繁に売買するのである。

「悪材料で売る」。この悪材料現象こそ、変転きわまりない株式市場の、唯一普遍的な特性といっていい。毎晩テレビから流れる市場コメントを注意して聞いていれば、その日、悪材料が流れた企業の株価は必ずといっていいほど下がっている。それが大きな悪材料ともなれば、つるべ落としのように急降下するものだ。これが市場の本質である。

　悪材料すなわち株価の下落であり、それを耳にしてバフェットの目は輝き始める。バフェットにとって市場の短期指向と悪材料の組み合わせは、永遠に途絶えることのない贈り物なのだ。この組み合わせこそが300億ドルに向けた行進曲を奏で、来る年も来る年もバフェットに対して絶好の投資機会を与え続けたのである。

　次の章に進む前に、読者のみなさんにバフェットのとっておきの秘密をそっとお教えしよう。近視眼の市場がいかに株価を低迷させようとも、必ずやそのぬかるみから力強く回復するだけの経済エンジンを備えた、少数の企業があるということだ。こうした力を持つ数少ない企業を探し出すために、バフェットは具体的な基準を編み出した。そして悪材料に見舞われてそれらの企業の株価が下落した時、バフェットは憑かれたように買いまくったのである。「消費者独占力」の強い企業――これがバフェットが求めてやまない企業群である。彼の富のすべては、基本的にこれらの企業への投資によって築かれたものだ。これこそがバフェットの投資哲学の聖杯であり、みなさんの投資人生においても宝物になるに違いない。

KEY POINT

● プロの投信マネジャーもインターネット・デイトレーダーも、目先の値上がり益狙いの投資ゲームに終始している。それは株式市場の性(さが)である。
● 「悪材料現象」は株式市場の普遍的な特性のひとつである。投資家とは悪材料で売るものなのだ。
● 「消費者独占力」の強い企業は悪材料で売り込まれても、そこから立ち直れるだけの強いエンジンを持っている。
● 消費者独占力の強い企業こそがバフェットの富の源泉である。

自習問題

1. なぜほとんどの投資信託は短期の運用結果にこだわるのか。
2. バフェットは株式市場の短期指向につけ込むために、長期的視野をどのように活用するのか。

YES or NO

1. 投資信託のマネジャーは、投信の買い手が短期指向の強い個人投資家中心だから近視眼的な運用を行う。
2. ほとんどの一般投資家は悪材料で売り、好材料で買う。
3. バフェットは悪材料で買う。
4. 消費者独占力の強い企業は、強力なエンジンを持っている。

答え (YES or NO)　1 Yes、2 Yes、3 Yes、4 Yes

第2章
バフェットが重視する優良企業とは

　それではバフェットが投資対象と考えるタイプの企業は、どのような特性を備えているのだろうか。

☆長期的に大きな儲けを約束してくれる

　繰り返しになるが、バフェットの投資は悪材料で売る一般投資家や投信のマネジャーの裏をかく戦法だ。そのためには狙った企業の営む事業が健全であるだけでは十分でない。高収益をあげる能力を秘めていなければならない。単に底値で拾うのが目的ではないからだ。市場の失策を利用して、大幅に割安な価格で超優良企業のオーナーになるのが狙いなのだ。こうした銘柄だけを厳選して投資することによって、長期的には株価が正常な水準に戻るだけでなく、トレンドとして上昇し続けることを確信できるようになる。

　バフェットにとって優良銘柄に投資した後に、株価が劇的に上昇することは珍しいことではない。たとえばGEICO（主に公務員を対象とした損害保険会社）の場合は、取得価格に対する現在の投資価値は5,230％にも達している。ワシントン・ポストはそれをも上回る7,930％である。驚くべき結果ではないか。ウォール街全体がこれらの銘柄をまるで疫病神のように忌み嫌って逃げ出したまさにその時に、バフェットはひとり買い進んだのである。そしてその後も、これらの銘柄を辛抱強く持ち続けた。というのは、これらの銘柄こそバフェットの考える素晴らしいファンダメンタルズを備えていて、長期的に大きな儲けを約束してくれる企業だったか

らである。

　これをたとえ話で考えてみよう。今、2頭の競走馬がいるとしよう。「ヘルシー」と呼ばれる馬は素晴らしいトラックレコードを持ち、優勝経験も豊富である。「シック」と呼ばれるもう1頭は、平均以下の実績しかない。たまたまこの2頭がインフルエンザにかかってしまい、全く走れない状態にある。今シーズンは賞金が稼げる可能性はゼロだから、2頭とも市場価値は大きく下がってしまった。そこで馬主たちはこれ以上の出費を避けるために、2頭とも売りに出したとしよう。さて、あなたならどちらの馬を買うだろうか。

　ヘルシーのほうがいいに決まっている。第1に、ヘルシーは基本的には強い馬である。シックよりも早くインフルエンザから回復する可能性が強いばかりか、その後また多くのレースで勝ち、多額の賞金を稼ぐことが期待できる。一方のシックは、インフルエンザが治っても、その名の通りまた病気にかかる可能性が大きく、あなたの投資は惨めなものになるだろう。

☆コモディティ型か消費者独占型か

　バフェットは企業を2つのタイプに大別して考える。第1のタイプはシックと同じグループに属し、事業のファンダメンタルズが劣る企業群である。バフェットはこれらの企業を「コモディティ型」、つまり他との差別化ができない低付加価値の事業を行っている企業と呼んでいる。この種の企業は、ほかの多くの企業がやっているのと大差ない製品やサービスを作って売っているにすぎない。第2のタイプはヘルシーと同じグループに属し、素晴らしいファンダメンタルズの備わった事業を行っている。コカ・コーラやGEICO、ワシントン・ポストをイメージしてほしい。これらの企業群をバフェットは「消費者独占型」企業と呼ぶ。ブランド価値の高い企業、あるいは取り扱う製品があたかも独占企業のように強い市場支配力を持っている企業である。したがって、もしあなたが特定の商品やサービスを入手しようとすれば、その企

業から買うほかないのだ。この結果、消費者独占型企業には いつでも値上げできる自由度があり、収益性が高い。これらの企業はまた、長期的に大きな潜在成長力も秘めていることが多い。業績のふれは小さく、時折、近視眼的な市場の過剰反応がもたらす嵐の局面を乗り越えていくだけの力を持っている。

　大事なことは、この2つのタイプの企業を見分けることだ。それができなければ、市場の一時的な失敗を利用して大きく儲けることなど土台無理な相談だ。そのためにはまず、何がコモディティ型の事業で、それがどのような事業特性を備えているのかを理解する必要がある。そうでないと、コモディティ型の企業に投資する羽目に陥ってしまうだろう。そしてまた、消費者独占型事業がどのようなもので、その事業特性が何かを理解しなければならない。あなたに富をもたらしてくれるのはこのタイプの企業なのだから。

　これら2つのタイプの事業について、もっと詳しく分析してみよう。その事業がヘルシーなのかシックなのか、それが金持ちになれるかどうかの別れ道である。バフェットいわく、「上手に買った株は一生手放す必要はない」のだ。

KEY POINT

●バフェットは企業を2つのタイプに分けて考える。ひとつはヘルシーな**消費者独占型企業**、もうひとつはシックな**コモディティ型の企業**である。
●**消費者独占型企業**とは、**強いブランド価値**を持っているか、市場であたかも**独占企業のような強いポジション**を有している。
●**コモディティ型の企業**とは大多数の企業と同じような、**差別化されていない**、**付加価値の小さな製品やサービス**を提供する企業である。

自習問題

1．なぜバフェットは企業を2つのタイプに分けるのか。
2．あなたの知っている銘柄の中で、どれが消費者独占型企業に該当するか。
3．あなたの知っている銘柄の中で、どれがコモディティ型企業に該当するか。

YES or NO

1．バフェットはコモディティ型企業に注目する。
2．バフェットは消費者独占型企業に注目する。
3．コモディティ型企業は、ブランド価値の高い製品を作っている。
4．消費者独占型企業は、差別化されていない種類の製品を作っている。

答え（YES or NO） 1．No、2．Yes、3．No、4．No

第3章
コモディティ型企業は避けよう

　バフェットは魅力のない企業群を、「コモディティ型」の企業と呼んでいる。こうした企業群が提供する製品やサービスには際立った特色がなく、消費者にとっては「値段」が唯一最大の選択基準となるような事業である。毎日の生活とかかわりの深い産業の中から典型的なコモディティ事業を探せば、次のようなものがあげられる。

- 航空会社
- 穀物生産（たとえばトウモロコシや米）
- 鉄鋼製品
- 石油・天然ガス
- 林業・製材
- 紙・パルプ
- 自動車

☆似たような商品で激しい販売競争

　これらの業界に属する企業は、ほとんど似たり寄ったりの製品を作り、激しい販売競争をしている。ここでは最も低い価格を提示できるところが、多くの顧客を獲得できる。したがって、消費者がどの企業の製品を購入するかを決める最大の要素は、どこの製品が最も安いかということになる。
　石油会社はブランドを強調するが、私たちがガソリンを買うのは値段であって、決してブランドではない。結局のところ、安いガソリンを提供する企業が最も多く売り上げるということになる。全く同じことがコンクリートや材木、レンガ、

それにインテルなどの例外はあるが、汎用メモリーや半導体などにもそのまま当てはまる。自動車業界でも同じだ。市場には様々な車種が投入されているが、多くのメーカーがいろいろなオプションを付けて、なるべく安い値段で売ろうと熾烈な競争を行っている。航空業界の激しい値引き競争は周知の通りである。安いチケットの航空会社から座席が埋まっていくのだ。

　現実を直視しよう。あなたの買うトウモロコシが、どこで誰によって生産されたかは問題ではない。また、安全に飛びさえすればロサンゼルスからサンフランシスコへ行くのに、どの航空会社を選ぶかは問題ではないのだ。ゼネラル・モーターズ（GM）もフォードもほとんど同じようなトラックを製造しており、もしフォードのほうが安ければ、あなたはほとんど確実にフォードを選ぶだろう。こうした熾烈な価格競争の下では、利ざやは限りなく薄くなっていく。

☆生き残るのは低コスト企業

　コモディティ型の業界では、低コストの企業が勝ち残る。というのはコストが低いほど利幅が得られ、競争相手を駆逐するための価格設定力を持てるからだ。コストが安いから厚い利幅が期待できる。これは一見、当たり前のことのように聞こえるかもしれないが、その意味するところは深遠である。なぜなら、低コスト企業になるためには競争力を維持し、製造上の創意工夫を凝らす不断の努力を続けなければならないからだ。そのためには本来企業の価値を高める上で効果の大きい新製品開発や企業買収に使うべき資金を、絶えず現業の設備投資に振り向ける必要がある。それが収益を圧迫するのである。

　こうした業界では通常、次のような展開が見られる。たとえばA社が製造工程を改良してコスト低減に成功し、収益性が高まったとする。するとA社は、競争相手のB、C、D社からシェアを奪うため、製品価格の引き下げに打って出る。脅威にさらされた3社は、それに対応してA社と同様な工程

合理化を行い、シェア維持のためA社にならって製品価格を引き下げる。結果的にはシェアの大きな変動は起こらず、各企業の利幅だけが低下する。こうして悪循環が繰り返される。

　時々、この種の業界にもいい風が吹くことがある。好景気の局面では消費者の購買意欲が業界の供給力を上回り、自動車業界全体が大幅な増益を享受する。すると各メーカーは一時的に膨らんだバランスシートをよりどころに、供給力を増強するため何十億ドルもの設備投資を行うのである。株主のほうも、膨れあがった売上や資産を見て分け前を要求し始め、経営陣が配当を増やす形で応えることになる。労働組合も好業績を目の当たりにして、やはり賃上げを要求してくる。経営陣はそれにも応えてしまう。やがてブームが去り（ブームは必ず終わるものだ）、あとに残るのは過剰な生産能力と、過大な配当支払いと、クビにすることが困難な高賃金の労働者ということになる。そして膨らんだバランスシートからキャッシュの流出が始まるのだ。たとえば1990年から1993年にかけての緩やかな景気後退局面で、GMは96億ドルものキャッシュ（現金）の減少に見舞われた。もっと深刻な不況期には、自動車業界全体で200億ドル以上もの流出をきたし、万一の事態に備えるつもりで取っておいた蓄えも、あっという間に底をついてしまったこともある。そうなると、工場の閉鎖、配当金の削減、そして株価暴落というお定まりのコースだ。楽しい話ではない。

　もっと個別の出来事によって、これらの企業が潤うこともある。巨大ハリケーンの襲来で何千もの家屋が破壊されたフロリダで、合板の価格が暴騰したことがあった。その年、フロリダ地域の合板メーカーは大変な増収増益にわいた。また毎年夏休みの季節になると、どの航空会社も旅行者で満席になる。自動車メーカーも時としてクライスラーのミニバンのような機能性の高い新車が大当たりして、一時的に潤うことがある。こうした出来事によってメーカーも販売業者も大きな利益を出すことがあるのだ。しかしほとんどの場合、需要が増えた分だけ供給力も増え、需要が後退し始めた途端に価格が下落に転じ、利益率は再び低下してしまう。

さらにコモディティ型の事業の場合、ある程度の利益があがる経営をするためには、経営陣の質とレベルが相当高くなければならない。もし経営陣が先見性を欠き、経営資源の配分を誤ると、低コスト・メーカーの地位を滑り落ちて熾烈な競争の餌食となり、財務的に行き詰まってしまうのである。

☆長期の借入は長期の足かせ

投資家の立場からみると、コモディティ型の企業は推奨できない。第1に、収益性が低く、事業拡大や収益性の高い事業への参入に必要なキャッシュフローを確保できない。第2に、たとえある程度のキャッシュフローを生み出せたとしても、そのほとんどは現在の地位を守るのに必要な設備投資に振り向けられてしまう。業界によっては、少し息抜きをして現状に甘んじているだけで、たちまち競争に敗れてしまうことになりかねない。

このタイプの企業はまた、しばしば巨額の負債を抱えている。たとえば1999年時点でGMの負債残高は約550億ドルだったが、これは同社が1990年から99年にかけて稼いだ利益合計の350億ドルを大幅に上回っていた。同じ10年間にライバルのフォードはGMを上回る351億ドルの利益をあげたが、負債残高も約700億ドルとさらに多かった。このような状態が続けば、フォードは1年間の利益で全負債を返済するのに20年もかかってしまう。これでは健全な商売とはとてもいえないのではないか。あなた自身がこんなに多額の借金を背負って商売している姿を想像してみてほしい。もし急に景気が下向きに転じたらどうなるのだろうか。一番損失を被るのは誰なのか、考えるまでもない。長期の借入は長期の足かせなのだ。

航空業界も大差ない。たとえば最大手のユナイテッド航空の1999年度末の負債残高は50億ドルだったが、これは90年代の同社の利益合計の40億ドルを上回るものである。トランスワールド（TWA）は過去5年間一貫して赤字続きである。組合の力が強く、固定費負担も高いから、対顧客サービスを

競うこの業界では、株主の富を蓄積するゆとりは全くないのだ。

コモディティ型の業界では、時として、他社との違いを消費者に印象づけようとして湯水のごとく広告宣伝費を投入することがある。そして少なくとも一時的には、新製品の導入に成功してライバル各社から一歩抜きん出ることもある。問題は、企業側がどのような創意工夫を凝らしてみても、結局のところ、最後に消費者が重視するのは「値段」という現実なのだ。いつも勝ち残るのは低コスト企業であり、それ以外の会社はジリ貧になるのだ。

☆長期の成長可能性も期待薄

バフェットがコモディティ型の事業の問題を語る際に、好んで用いるのが繊維メーカーのバーリントン・インダストリーズの例である。同社は1964年時点で売上12億ドル、株価は30ドルだった。その後1985年までの20年間に、経営を効率化して収益性を高めるために合計30億ドル、1株当たり100ドル相当の設備投資を行った。コスト削減と規模拡大が狙いだった。そして1985年には28億ドルの売上を計上したのだが、インフレ調整後でみると1964年の数字を下回るものであった。売上高利益率も株主資本利益率（ROE）も64年の水準を下回り、わずかに株価が64年の水準を少し上回る34ドルだった。21年間の努力と30億ドルもの株主資本を投入し続けたわりには、株主が得たものはほんの少しにすぎなかったのだ。

バーリントンの経営陣は、少なくともその業界では選び抜かれた人々であった。問題は業界そのものの特性にある。過当競争によるファンダメンタル要因の悪化で、業界全体は大幅な供給過剰に浸っていたのだ。それが一層の価格競争と利益率の低下を招き、株価パフォーマンスも振るわず、株主は報われなかったというわけだ。

このバーリントン株を相場の下落局面や悪材料にもとづいて購入してみても、うまくいくかどうかは疑問であり、長期的な成長の可能性も皆無に近い。この例のように、誰も報わ

れる可能性のない状況こそ、バフェットが最も避けようとするものなのだ。

　もうひとつ、バフェットが好んで口にする教訓に、「ファンダメンタルズの悪い事業に素晴らしい経営陣を組み合わせても、通常は前者が後者を圧倒する」というのがある。言いかえれば、どんな名経営者でも、基本的条件の悪い事業を営む会社を優良企業に再建するなど至難の業なのである。醜いアヒルの子が長じて美しい白鳥になるというのはお伽噺の世界のこと。ビジネスの世界ではどんなにハンサムな王子が口づけしたとしても、アヒルはアヒルなのだ。

☆コモディティ型企業の見分け方

　コモディティ型の企業を見分けるのはさほど難しくはない。これらはほかの多くの競争相手と同じような製品やサービスを提供している。その共通の特性をあげてみよう。①低い売上高利益率、②低い株主資本利益率（ROE、株主資本＝総資産－総負債）、③ブランド価値を築くことが難しい、④多数のライバル会社の存在、⑤業界全体として相当な過剰生産能力の存在、⑥利益の不安定性、⑦収益性が設備稼働率に大きく依存する、などなど。以下、コモディティ型の事業について具体的に見てみよう。

(1) 低い売上高利益率と低い在庫回転率
　低い売上高利益率と低い在庫回転率が組み合わさると、投下資本に対する収益率は最悪になる。つまりほとんど利益は期待できないのだ。理想的な組み合わせはその逆で、高い売上高利益率と高い在庫回転率、つまりどんどんキャッシュが生み出される組み合わせだ。在庫回転率が低くても収益性の高い事業はありうるが、その場合は売上マージンが並外れて高くなければならない。たとえば「わが社の販売数量は大したことはないが、製品ひとつひとつの儲けは素晴らしく大きい」といった企業がそれだ。その反対に、売上マージンは低くても在庫回転率が飛び抜けて高い事業もありうる。「製品

のマージンは薄いが、何しろ販売数量がすごいのだ！」といった企業がそれで、バフェットの経営するバークシャー・ハサウェイ傘下の家具販売会社ネブラスカ・ファニチャーマートがこれに該当する。同社はありとあらゆる家具を廉価販売しており、マージンはきわめて薄いが驚異的な回転率がそれを十分埋め合わせているのだ。同社の顧客は大喜びで、株主も大いに報われている。

　簡単なたとえで考えてみよう。あなたは砂漠の真ん中でレモネード・スタンドをやっているとしよう。レモネードのコストが１杯１ドルとして、もし１杯100万ドルで売れるとするなら、売上を伸ばそうなんて考える必要もないだろう。たった１杯売れさえすれば、あなたは大金持ちだ。これが驚異的に高いマージンと極端に低い在庫回転率で大儲けできる組み合わせの例である。あるいは、そのレモネードを１杯２ドルで年間200万杯売ることができれば、やはり大金持ちになれるだろう。

　しかし大企業では、売上マージンの低い企業はほとんどの場合、コモディティ型と考えていい。いつもいろいろな経営問題に悩まされていて、収益性が低いのだ。

　バリューライン（valueline.com）、ヤフー・ファイナンス（finance.yahoo.com）、MSN.comといった代表的なインターネット投資情報サービスのサイトへ行って、売上高税引利益率ランキングを見てみるといい。バリューラインはバフェットお気に入りの投資情報サービス会社で、1,600社以上の企業をカバーしている。このワークブックで使用する財務データをすべて提供してくれる。上にあげた情報サービスを利用して、次の各社の売上高税引利益率を、その属する業界のランキングの中から拾ってみてほしい。

1．バーリントン・インダストリーズ（繊維）　　　％
2．コカ・コーラ（飲料）　　　％
3．UALコープ（航空）　　　％
4．マイクロソフト（ソフトウエア）　　　％
5．ボイジ・カスケード（紙・パルプ）　　　％

●上のリストにもとづいて、あなたが最も出資してみたいと思う会社は？
●絶対に出資したくないと思う会社は？

　筆者がバリューラインで調べた結果は次の通りであった。
　　　1．バーリントン・インダストリーズ（繊維）　　1.4%
　　　2．コカ・コーラ（飲料）　　　　　　　　　　16.3%
　　　3．UALコープ（航空）　　　　　　　　　　　 4.4%
　　　4．マイクロソフト（ソフトウエア）　　　　　 38.6%
　　　5．ボイジ・カスケード（紙・パルプ）　　　　 2.2%

　この時点で見れば明らかにマイクロソフトの収益性が最も高く、バーリントンが最も低い。

(2) 低い株主資本利益率(ROE)

　ROEの低い企業はコモディティ型であることを示す重要な指標である。アメリカ大企業の平均ROEは約12%だから、ROEがそれ以下の企業はコモディティ型の製品を扱っているか、そうした価格設定を反映している可能性がある。バフェットは高いROEなくして企業が長期的に繁栄し続けることは不可能だと考える。この問題については後で詳しく取り上げるが、ここではとりあえずROEの水準が高いか低いかに注目しよう（ROEに関しても、バリューライン、MSN.comのどちらも、何千社ものランキングを提供している）。

　ROEの低い企業を排除しよう。先ほどの5社の1999年度のROEを調べてみよう。
　　　1．バーリントン・インダストリーズ（繊維）　　　%
　　　2．コカ・コーラ（飲料）　　　　　　　　　　　 %
　　　3．UALコープ（航空）　　　　　　　　　　　　 %
　　　4．マイクロソフト（ソフトウエア）　　　　　　 %
　　　5．ボイジ・カスケード（紙・パルプ）　　　　　 %

　答えは次の通りである。
　　　1．バーリントン・インダストリーズ（繊維）　　3.6%

         2．コカ・コーラ（飲料）   32.5%
         3．UALコープ（航空）   15.5%
         4．マイクロソフト（ソフトウエア）   26.8%
         5．ボイジ・カスケード（紙・パルプ）   10.0%

(3) ブランド価値が低い

　買った商品のブランド名があまり意味がない場合には、コモディティ型の企業と考えていい。コモディティ型の製品を販売する企業が、優れたサービスや信頼される価格設定によってブランド価値を築くこともないわけではない。しかしその場合でも、コモディティ型の製品の低い収益性を補って余りある高い売上回転率を確保しない限り、販売業者はあまり利益をあげられないだろう。

　ブランド価値がほとんどないと思われる会社を5社あげてみよう。

         1．ボイジ・カスケード
         2．
         3．
         4．
         5．

(4) 多数の競争相手の存在

　自動車部品の販売店を訪れて、オイル缶の棚を見てみるといい。7社も8社もの同じような製品が、同じような値段で並んでいるに違いない。同様に、ニューヨークからロサンゼルスに飛ぶ時も、7社から8社もの航空会社の中から自由に選べる。小型車を買い換える時も、5～6社が同様な車を提供しているはずだ。企業数が多い業界では競争が激しく、その結果、価格は低下する。安売り競争は利益率を引き下げ、低いROEとなって表れる。同種の製品・サービスを多数で競争している業界の代表的企業を5社リストアップしてみよう。

         1．UALコープ（航空）
         2．

3．
　　4．
　　5．

(5) 強い労働組合の存在

　たとえ低コスト企業が勝ち残ったとしても、労働組合が強い業界では賃上げ要求が激しく、収益性は蝕まれてしまう。資本集約的で固定費の割合の高い業界では、この問題はとくに深刻だ。たとえばパイロット組合がストライキを打てば、航空会社は半身不随に陥ってしまう。飛行機が1機も飛ばなくても、それを抱えているコストは膨大なので、ストライキに入った途端にキャッシュの大出血が始まるのだ。また自動車メーカーでは増益に転じるや否や、組合は高い賃上げ要求を持ち出してくる。これらの業界では労働組合があたかも企業のオーナーであるかのように振る舞い、株主は彼らと利益を分かち合うほかなく、そうしなければ経営が破綻しかねない。強い労働組合の支配下にあって、従業員の交渉力が強い企業を5社あげてみよう。
　　1．フォード・モーター
　　2．
　　3．
　　4．
　　5．

(6) 大幅な過剰生産能力の存在

　業界全体が過剰な生産能力を抱えている場合には、それが解消されるまではいくら需要が増えても利益増にはつながらない。万一過剰能力が解消されたとしても、ほとんどの経営者は規模拡大競争に取り憑かれている。めざすのは巨大企業の建設だ。需要が増え価格も上昇すると、経営者のポケットは株主のお金で膨れあがり、再び愚行を繰り返すのだ。彼らはほとんど常にさらなる生産能力の増強に資金を投入し、再び生産能力を大きくしてしまう。

　問題は競合他社も全く同じような考えを持つことだ。そし

てほどなく全社が生産能力を増強し、再び業界は大幅な供給過剰に陥ってしまう。価格戦争が再発し、収益性は低下し、お定まりのコースを歩むことになる。

業界の供給過剰問題をチェックするひとつの手段として、過去5年ないし10年の間に、主要製品の価格が上昇基調にあるのか下降基調にあるのかを見てみよう。もちろん、一般的な物価動向を考慮した上で考える必要がある。価格が下降基調にあれば、その業界は過剰能力を抱えていると考えていいだろう。

過剰生産能力の影響を受けていると考えられる企業を5社あげてみよう。

　　1．ボイジ・カスケード（紙・パルプ）
　　2．
　　3．
　　4．
　　5．

(7) 不安定な利益

利益の非常に不安定な企業は、コモディティ型である可能性が強い。コモディティ型の企業では、たとえば最近10年間の1株当たり利益の数字に、景気変動の影響がはっきり映し出される。

ある企業の1株当たり利益（EPS）が次のようなパターンを示したとすると、その企業はコモディティ型の可能性が高いと考えたほうがいい。

年	EPS
1990	1.57ドル
1991	－1.16
1992	－0.28
1993	0.42
1994	－0.23
1995	0.60
1996	1.90
1997	2.39

1998	0.43
1999	−1.69

利益の振れが大きいと思われる企業を5社あげてみよう。

1．GM
2．
3．
4．
5．

(8) 収益性が設備稼働率に大きく依存する

　その企業の収益性がパテント、版権、ブランドといった無形固定資産ではなく、設備などの有形固定資産の稼働率に大きく依存している場合は、コモディティ型の可能性が大きい。たとえば航空会社では、何億ドルもの資金を航空機に投じて、客席を埋めて飛ばし続けなければならない。その利益のほとんどは使用する飛行機の稼働率によって決まってしまうのだ。同様のことは、何十億ドルもの資本を投下した工場群を抱える大手自動車メーカーについても当てはまる。工場の稼働率いかんが、自動車メーカーの利益を大きく左右する。

　収益性が設備稼働率に大きく左右されると思われる企業を5社あげてみよう。

1．ULAコープ（航空）
2．
3．
4．
5．

＜まとめ＞

　もしその製品を買う時の最大のポイントが値段にあるなら、それを売っている企業はコモディティ型である。投資対象としては長期平均的にはせいぜい市場並みの収益率しか期待できず、本業に何か問題が起こった時にはそれを克服するのが難しいだろう。いつも経営問題につきまとわれ、株主は

失望させられ続けるだろう。

あなたがバフェット流に市場の短期指向と悪材料現象を利用して豊かになりたいのなら、まずコモディティ型の企業は避けなければならない。このタイプの企業は病気にかかりやすいうえ、回復力も弱い。たとえ回復したとしても、長続きしないのだ。

KEY POINT

コモディティ型の企業には次のような特性がある。
- 売上高利益率が低く、在庫回転率も低い
- 株主資本利益率（ROE）が低い
- ブランド価値がない
- 多数の競争相手がいる
- 業界全体に相当な過剰生産能力がある
- 利益が不安定だ
- 利益の設備稼働率に対する依存度が大きい

自習問題

1. なぜ低い売上高利益率と低い在庫回転率の組み合わせが収益性を低下させるのか。
2. 利益が不安定で、コモディティ型の製品を提供しているのはどんな企業か。
3. 株式市場の短期指向につけ込むためには、なぜコモディティ型の企業を避けなければならないのか。

YES or NO

1. 低ROEはコモディティ型の企業に共通する特色である。
2. コモディティ型の事業は１社しか行っていないことが多い。
3. コモディティ型企業の利益は比較的安定している。

答え（YES or NO）　1 Yes、2 No、3 No

第3章　コモディティ型企業は避けよう

第4章
消費者独占型企業とは
——バフェットの富の源

　バフェットが興味を示すのは、その事業がファンダメンタルな条件に恵まれ、長期的に健全な繁栄を続ける可能性のある企業である。彼はこれを「消費者独占型(コンシューマー・モノポリー)」企業と呼ぶ。この種の企業は、提供する製品やサービスに関して一種の独占的支配力を有しており、その価格設定力のおかげで、素晴らしい収益を享受できるのである。

☆有料ブリッジ型の企業を探せ

　バフェットはこのことを有料ブリッジにたとえて説明する。もしあなたが泳いだり舟を漕いで川を渡りたくなければ、料金を払って橋を渡るほかないだろう。したがって、この橋を所有している人は、一種の独占的地位にあると考えていい。
　この話を敷衍して考えてみよう。もしリグレー・チューインガムが欲しければ、それを作っているウィリアム・リグレー社から買うしかない。バフェットは長年この会社を自分のものにしたいと思い続けている。同じことは、大きな町で唯一の地方紙を発行している新聞社にも当てはまるだろう。これらの企業は消費者が欲しがる製品に対して独占的販売権を持っており、自由に高い価格設定が可能になるのだ。それが高い収益性につながり、株主の利益もそれだけ大きなものになる。
　消費者独占型企業は素晴らしい事業を誇ってはいるが、やはり業績には変動があり、危機に陥ることもある。あのコカ・コーラですら、「ニューコーク」の投入で大失敗をやら

かしたことがあった。そういう意味で彼らもまた市場の短期プレーの標的にされることがあるのだ。したがって、優良企業であっても悪材料が報じられれば株価は下落し、絶好の買い場を作り出してくれる。

しかし、これらの企業は一時的に荒波に巻き込まれても、優れた事業のファンダメンタルズが救命具となって、必ず立ち直る力を持っていることをバフェットは知っている。GEICO、アメリカン・エキスプレス、コカ・コーラ、ワシントン・ポスト、キャピタル・シティーズ、フレディーマックなど、投資している優良企業で同じことが起こるのを、バフェットは繰り返し見てきたのである。

この章では、消費者独占を享受している優良企業をどのように見分けるかを取り上げよう。バフェットが投資するのはこうした企業の株価が、市場の短期指向によって大きく下落した時なのである。

☆消費者独占という考え方

ここでちょっと回り道をして、「消費者独占」という考え方の歴史を振り返っておこう。

1938年に、ジョンズ・ホプキンス大学の学生であったローレンス・N・ブルームバーグという若者が、消費者独占力を持つ企業の投資価値に関する博士論文を書いたのが始まりである。ブルームバーグは「暖簾(のれん)の投資価値」と題する論文の中で、消費者独占型企業とコモディティ型企業の投資価値の比較を試みた。彼は消費者が企業に対して持つ暖簾という無形資産が、バフェットの言う消費者独占力をもたらすと考えたのである。「暖簾は消費者の心の中にあるイメージにすぎないが、消費者にとって特別に魅力的ないくつかの属性を通じて、企業とその製品への愛着心となって永続性を帯びるようになる」と書いている。

ブルームバーグによれば、暖簾はその事業の提供する利便性や、従業員の誠実さ、迅速な配達サービス、満足のいく商品性などに起因するだけでない。一貫した魅力的な広告・宣

伝活動を通じて、消費者の心の中に特定の企業や製品名を焼き付けることもできる。あるいはまた、機密になっている製法や特許が、そうした非常にユニークな製品を提供する力を生みだしているのかもしれない。たとえばコカ・コーラの原液の製法特許や、マイクロソフトの「ウィンドウズ」のOSに関する特許などがそれに当たるだろう。

こうした要因が企業に有利に作用して優れた業績をもたらし、結果として高い株主資本利益率（ROE）、利益の大幅な伸び、そして株価の上昇につながると、ブルームバーグは結論づけた。しかも、こうした企業の株価は景気動向にかかわらず、一貫して市場平均を上回ってきたことも発見した。

そしてバフェットは、その企業がブルームバーグの言う消費者独占型企業に該当するのかどうかを、テストする方法を編み出した。すなわち、企業を見分ける際に、次のように自問自答するのである。

1．もしその企業が株主資本をすべて配当で投資家に還元したと仮定して、後に何がしかの価値が残るだろうか。

その答えが「イエス」なら、その企業は消費者独占力を持っている可能性が大きい。実際、バフェットはこの考え方にもとづいて、GEICOやアメリカン・エキスプレスに対する投資を決断したのだ。両社とも一時は大変な経営危機に見舞われ、株主資本がほとんど枯渇しかけたことがあった。しかし、アメリカン・エキスプレスにはあのアメックス・カードが、GEICOには自動車損保業界屈指の低コスト企業であるという切り札があった。

この消費者独占力が、底をついた株主価値を再び生み始めるに違いない。そう考えてバフェットは投資に踏み切り、大きな成果を手にすることになった。

2．今ここに、何十億ドルもの資金と、これはと思う50人からなる経営チームを集める力があるとする。その力を利用すれば、その企業に太刀打ちできるような新会社を作り上げることが可能だろうか。

答えがはっきり「ノー」と出れば、その企業は強い消費者独占力で守られていると考えていいのではなかろうか。バフェットがコカ・コーラやジレットに大規模な投資を行うことを決めたのも、このような考えにもとづいている。

☆選択の余地がない商品の魅力

　これから述べることをしっかりとノートに大文字で書き留めてほしい。企業が消費者独占力を持っているかどうかを見極める本当のテストは、競争相手が利益を度外視して戦いを挑んだ時に、その企業をどの程度痛めつけることができるかで判断する。

　ウォールストリート・ジャーナルと張り合えるような新聞を作ることが可能かどうか考えてみればいい。何十億ドルを投入してみても、同紙から大してシェアを奪い取ることはできないだろう。リグレーを脅かすようなチューインガム会社はできるだろうか。これまで数社が挑戦したが、ことごとく敗退した。ハーシーのチョコレートしかり、コカ・コーラしかりである。

　数年前、インドネシアの山奥をドライブした時、喉が渇いたので道路沿いのスタンドで何か飲み物を買おうと車を停めた。およそアメリカ文明とは無縁の人里離れたその小さなスタンドで、売っていた飲み物はなんとコカ・コーラだけだった。考えてもみてほしい。世界中のガソリンスタンドや映画館、スーパーマーケットやレストラン、ファストフードストアやバー、ホテルやスポーツアリーナでコカ・コーラが売られ、アメリカ中のあらゆるオフィスビルのどこかには自動販売機があって、コカ・コーラがあなたのお金を待っているのだ。コカ・コーラがあまりに人気があるため、どの店も置かざるをえないのだ。そう、選択の余地がないのだ！　そうしないと、お客が来なくなる。コカ・コーラ以外にそんな力を持った競合商品が考えられるだろうか。

　コカ・コーラに対抗するためには、GMを２つ合わせたくらいの資本力が必要である。それでもおそらく太刀打ちでき

ないだろう。これがまさに消費者独占力なのだ。私自身、何万回もコカ・コーラを飲んでいるし、読者のみなさんも子供たちもきっとそうに違いない。

　タバコのマールボロもそうだ。マールボロ愛好者に、ほかのブランドを勧めて成功したためしがあるだろうか。ジレットのカミソリを使っている無数の人々に、ほかのメーカーのを使わせることができるだろうか。マイクロソフトのウィンドウズも同じである。私たちが40年もマクドナルドのハンバーガーを食べ続けているのも、同じ理由からなのだ。

　ここで私が考え出した消費者独占の有無を判定するテストを紹介しよう。もし誰かが私にマールボロやリグレーといった有名ブランドの使用権や、コカ・コーラの調合法を利用する権利を譲ってくれたとして、メリル・リンチやゴールドマン・サックスといった一流証券会社が、私がその権利をもとに開業するのに必要な何十億ドルもの資金調達をふたつ返事で引き受けてくれるだろうか、と自問するのだ。答えが「イエス」なら、シャンペンで乾杯してもいいだろう。

　もしあなたが町で唯一の水道会社のオーナーなら、いくらでも儲けられるだろう。問題は、この種の事業は政府によって規制されていることだ。電力事業も同様である。重要性の高い事業ではあるが、規制があるために収益性は限られてしまうのだ。私たちが探しているのは、規制のない水道会社や電力会社なのだ。

　そういう企業が見つかったとして、問題は、株式市場がそれらの企業の株価をあっという間に雲の上まで吊り上げてしまうことだ。言うまでもなく投資収益率（リターンともいう）を計算する時の分母は買値だから、その株価が高ければ手にする儲けは少なくなる。したがって銘柄選択の鍵は、まだ誰も気づいていない、規制のない水道事業を営む企業を見つけるか、消費者独占力のある企業の株価を市場が悪材料に過剰反応して不当に売りたたいた時に投資するかの、いずれかということになる。

☆金のかからないブランドの強み

　消費者独占型企業が高収益をあげる理由のひとつは、大きな資本を要する土地、工場、機械設備などにそれほど依存しなくてすむことにある、とブルームバーグは考えた。固定資産投資には大きな固定費や税金がかかるが、それはコモディティ型企業のコストの大きな部分を占める。

　これに対して消費者独占型企業は、コカ・コーラの原液調合法や、マールボロ・ブランドといった無形固定資産に依存する面が強いのだ。これらの企業の支払う法人税はもっぱら利益額を反映したものになるが、GMのように固定資産に依存するコモディティ型の企業では、利益がなくても税負担が発生するのだ。固定資産依存のコモディティ型企業が経営に成功すればするほど、その後の成長は絶えざる固定資産投資を伴うことになる。

　あまり固定資産を必要としない消費者独占型企業は、毎年事業がもたらすキャッシュフローが潤沢なため、ほとんど負債を調達する必要がない。たとえばチューインガムのウィリアム・リグレーや紙タバコの大手メーカーのUST社は、無借金経営になっている。誰からも制約を受けないため、これらの企業は自由に新しい魅力的な事業に参入することもできるし、自社株を買い戻すこともできる。製造技術面では概して「ローテク」企業が多いため、高度で複雑な生産設備に投資する必要もない。それに、ほとんど競争相手が存在しないため、いったん投資した生産設備は比較的長期間使用できる。競争優位を保つために、絶えざるスクラップ・アンド・ビルド投資をする必要がないのだ。

　一方、GMのように、価格競争の激しいコモディティ型の製品に依存する企業は、絶えず新しいモデルを打ち出さなければシェアを失いかねない。このため不断に金型を手直しし、生産ラインの改善・改良にコストをかけることになる。さらにその生産設備にしても、次に全面的にモデルチェンジするまでの数年間しか利用できないのだ。ところが、リグレーや

ハーシーのような企業は、おそらく基本的に同一の生産設備を過去50年は使い続けているに違いない。チューインガムやチョコレートを作るのにハイテク技術は必要なく、生産設備が技術的に時代遅れになってしまう恐れは少ないのだ。

産業の歴史をひも解くと、実は昔からこの消費者独占と呼ばれる現象が存在したことがわかる。古くはベニスの商人たちが東方貿易を通じて高級繊維製品市場を独占し、大きな利益をあげた。大英帝国の初期にはイギリスの製鉄会社が高級な鋼を、西部開拓時代にはコルト社やウィンチェスター社が短銃を、そして第一次大戦当時にはドイツのクルップ社が大砲市場を、それぞれ独占していた。各時代に各市場で、これらの事業や企業はその製品・サービスに高い対価を払ってくれた顧客のおかげで、大きな利益を享受したものだ。

発明王トーマス・エジソンが創設に一役買った、ゼネラル・エレクトリック（GE）の歴史を考えてみよう。GEは世界中を電化することによって巨額の利益を得てきたが、全国に発電技術を広め、配線の仕方を教えた後で、一般消費者に対して家電製品や電球、電動工具、冷蔵庫などの製品を製造、販売してきたのだ（ジレットがヒゲソリの刃を買ってもらうために、ただ同然の値段でヒゲソリを提供したやり方と似ている）。そして今日に至るまで、GEは全米で最も成功した大企業として隆盛を誇っている。GEの力強さの基礎は、20世紀初めに最大の差別化要因であった資本力をいち早く蓄積したことにあった。

その現代版が、ウィンドウズで独占的な強みを持つマイクロソフトである。同社の売上高利益率は素晴らしく、ROEの水準も驚異的である。これこそ真の利益製造マシーンと呼ぶにふさわしく、多数の投資家を大金持ちにしてきた。バフェットもビル・ゲイツも、消費者独占こそ富を築く鍵であることを学んだのである。

KEY POINT

●消費者独占型事業は有料ブリッジみたいなものだ。それを欲しいと思えば、その会社から買わざるをえないような状況にある事業なのだ。
●バフェットが消費者独占を判定する際に用いるテストは、仮に採算を度外視したとして、それと同等の競争力のある企業を作れるかどうかというものである。
●消費者独占型企業はその製品の品質、ユニークさが購買の最大の決め手になるような製品を提供している。
●素晴らしい事業を営んでいる消費者独占型企業も、景気の影響を受けて業績は変動し、時に経営危機に陥ることがある。

自習問題

1．なぜ消費者独占型事業は、業績が悪化した時に救命装置のような働きをするのか。
2．ブランドや特許のような無形資産が、有形固定資産よりもはるかに大きな価値を持つことがあるのはどういう理由からか。
3．その企業が今作っている製品の中で儲け頭はどれか。なぜそうなのか。
4．ブランド価値の高い消費者独占型事業を持つと思われる企業を10社リストアップしてみよう。
　　1．ジレット：ヒゲソリの刃
　　2．
　　3．
　　4．
　　5．
　　6．
　　7．
　　8．

9.
10.

YES or NO

1. 有料ブリッジは消費者独占型事業である。
2. 消費者独占力があれば、ほとんどどんな経営不振の局面も乗り切れる。
3. 消費者独占型企業にとって、ブランドのほうが有形固定資産よりはるかに大きな価値を持つことが多い。
4. 消費者独占型企業は景気の影響とは無縁だ。

答え（YES or NO） 1 Yes, 2 Yes, 3 Yes, 4 No

第5章
消費者独占型企業を見分ける8つの基準

　もし埋もれた宝物を探そうとするなら、掘り始める前に、それがどの辺りにありそうかおおよそ見当をつけておくべきだ。その企業が消費者独占型なのかどうか、市場の短期指向がもたらす荒波を乗り切るだけの力があるのかどうか、それを見分けるのに役立つ、いくつかの基本的な特性をバフェットは見つけ出した。以下、それらの基準を順次取り上げよう。実際、バフェットはこれと同等の思考プロセスで、消費者独占力の有無や、長期的なファンダメンタルズの強さを判断しているのだ。

基準1　消費者独占力を持つと思われる製品・サービスがあるか

基準2　1株当たり利益（EPS）が力強い増加基調にあるか

基準3　多額の負債を抱えていないか

基準4　株主資本利益率（ROE）は十分高いか

基準5　現状を維持するために、内部留保利益の大きな割合を再投資する必要があるか

基準6　内部留保利益を新規事業や自社株買戻しに自由に使えるか

基準7　インフレを価格に転嫁できるか

基準8　内部留保利益の再投資による利益が、株価上昇につながっているか

これら8つの基準は、みなさんがバブルの見え隠れする投資の荒海を航行していく上で、頼もしい羅針盤になってくれるだろう。たとえて言えば、「ブラインド・デート」で自分の理想の伴侶を探すのにも似ている。あるいは大学進学や、就職先の選択にもたとえられよう。

　証券投資も同様である。バフェットが言うように、いったん結婚したら一生連れ添うことを大原則に、カトリック信者のように行動すべきなのだ。離婚は許されないのだから、相手が一生を共にするにふさわしい伴侶であることをしっかり見定める必要がある。では、その条件をひとつひとつ具体的に検討しよう。

基準1　消費者独占力を持つと思われる製品・サービスがあるか

　まず最初の問いは、消費者独占力があるかどうかである。ブランド価値のある製品や独占的な製品、サービスを探すわけだが、サービスよりはるかにわかりやすい製品のほうから検討してみよう。

　コンビニやスーパー、ドラッグストア、バー、ガソリンスタンド、書店など、どこでもいいから店の前に立って、その店を続けていく上で絶対に取り扱わなければやっていけないブランド品は何だろうかと考えてみるといい。言いかえれば、それを店に置いていなければ店長の常識が疑われるような商品は何だろう、と自問するのである。それを書き出してみてほしい。

　それから店の中に入って調べてみる。すぐわかるブランド商品が置いてあれば、消費者独占がかかわっていると考えていい。全国のどこのスタンドでも売っている新聞は？　そう、USAトゥデーだ。世界のどこにいても買えるソフトドリンクは？　もちろん、コカ・コーラだ。子供たちが何度も見たがる「人魚姫」の映画の版権はどこが持っている？　もちろん、ディズニー。どこのコンビニにも置いてあるタバコは？

マールボロ。子供が毎日欲しがるシリアルのブランドは？あなたが毎朝使うヒゲソリの刃は？ 近くのスーパーに出かけてこんなことを考え始めたら、いくらでもリストは長くなるに違いない。

　これに対して、独占的なサービスを提供している会社を探すのは簡単ではない。そのためには広告・宣伝の媒体、テレビのチャンネルや広告代理店から始めるといい。それからクレジットカードのような金融サービスの分野である（ここで行き詰まっても心配ご無用。次の章で具体的に取り上げるから）。

　ブランド商品があるからといって、それが即、素晴らしい事業だということにはならない。その価値を経営陣が十分活用していないこともよくあるからだ。そこでブランド商品をリストアップした後、それを売る企業の業績や、経営者の質を見る定量的・定性的分析を行う必要があるのだ。優れた製品やサービスの存在は重要な必要条件ではあっても、それだけでは優良企業として十分とはいえないのだ。

　そこでまず身の回りにある代表的なブランド商品と、それを提供する企業を10社あげてみよう。

1．コカ・コーラ：コカ・コーラ社
2．
3．
4．
5．
6．
7．
8．
9．
10．

基準2　1株当たり利益(EPS)が力強い増加基調にあるか

　たとえ素晴らしいブランド商品であっても、その会社全体の経営がまずければ、EPSは非常に不安定になりかねない。バフェットはEPSの実績値がしっかりした水準を保って、力強く増加し続けてきたかどうかを重視する。

　調べたい企業のEPSの推移は、次のA社、B社のどちらに近いだろうか。

年	A社	B社
1990	1.07ドル	－1.57ドル（赤字）
1991	1.16	0.06
1992	1.28	0.28
1993	1.42	0.42
1994	1.64	－0.23（赤字）
1995	1.60	0.60
1996	1.90	－1.90（赤字）
1997	2.39	2.39
1998	2.43	－1.25（赤字）
1999	2.69	0.99

　もちろん、バフェットが注目するのはA社のほうだ。B社は利益の変動が激しすぎて、ほとんど将来を予測することができない。B社がいくら優れた製品や技術を持っていたとしても、利益がこれほど変動しているのは、何か経営上に問題を抱えているからに違いない。むしろコモディティ型の企業と考えるのが正しいかもしれない。いずれにしろ、バフェットはB社を投資対象とは考えない。A社のこれまでの利益の実績を見ると、ひとつあるいは複数のブランド製品を持っているだけでなく、経営陣がそれを賢明に活用して大きな価値創造を実現する可能性があることを示唆している。

　消費者独占型企業に対する絶好の買い場は、バフェットがワシントン・ポストやコカ・コーラ株を大量取得した時のように、株式相場全体が大きく落ち込んだ時か、あるいはバフ

ェットがGEICOやアメリカン・エキスプレスを最初に取得した時のように、その企業の業績が一時的に悪化して株価が売り込まれた時である。

　相場全体が低迷している局面は、判断がつきやすい。しかし、その企業の業績が落ち込んだために株価が売り込まれているケースは、より慎重な判断が必要になる。というのは、その企業の属する業界全体が落ち込んでいる結果かもしれないし、その企業の他の事業に問題があるかもしれないからだ。バフェットが投資チャンスと考えるのは、消費者独占型企業が一時的な問題のせいで業績を落とし、それに市場が過剰反応して株価を下落させる時である。そういう場合、EPSは、たとえば以下のＣ社やＤ社のようなパターンを描くだろう。

年	Ｃ社	Ｄ社
1990	1.07ドル	1.07ドル
1991	1.16	1.16
1992	1.28	1.28
1993	1.42	1.42
1994	1.64	1.64
1995	1.60	1.70
1996	1.90	1.90
1997	2.39	2.39
1998	2.43	1.75
1999	－1.22（一時的な赤字）	0.52（大幅な減益）

　Ｃ社は長期的に堅調な増益を記録してきたが、突然赤字に陥ってしまった。こうした状況に遭遇した時は直ちに精査して、赤字に陥った原因を明らかにする必要がある。これは単に一時的な問題なのか、それとも将来の下降トレンドを示す兆しなのか、さらには解決できる問題なのかどうかを見極めなければならない。

　一方、Ｄ社も過去のトレンドは素晴らしい。だが1998年、99年と、赤字にはならなかったものの気にかかる大幅減益決算をしている。この場合も慎重な見極めが必要だが、Ｃ社ほど悲観的になることはない。こうした状況を詳しく調べてみ

ると、一時的な減益の後に再び力強い増益基調が続くことも多い。バフェットお好みのパターンである。彼に言わせると、株式市場は時として大きな金塊が転がっている小川のようなものなのだ。

　EPSが力強い増加基調を続けている企業を10社探してみよう。

　　　1．マイクロソフト
　　　2．
　　　3．
　　　4．
　　　5．
　　　6．
　　　7．
　　　8．
　　　9．
　　　10．

　同じく、EPSは増加基調を続けてきたものの、直近年に問題が発生した企業を10社探してみよう。

　　　1．コカ・コーラ
　　　2．
　　　3．
　　　4．
　　　5．
　　　6．
　　　7．
　　　8．
　　　9．
　　　10．

基準3　多額の負債を抱えていないか

　バフェットは保守的な財務政策をとる企業が好きだ。その企業が消費者独占力を生かした経営をしている限り、基本的には事業が生み出すキャッシュフローをあちこちに配って歩かなくてはならないはずで、長期負債を調達する必要など全くないからだ。

　バフェットによれば、負債株主資本比率といった伝統的な財務指標は、企業の本当の財務力を見る上では、あまり役に立たない。というのも、企業が清算される場合を除き、帳簿上の株主資本額は支払能力とはほとんど関係がないからだ。銀行が融資するのは企業の元利支払能力に対してであり、株主資本の規模は安心剤にすぎない。企業の抱える有形固定資産は帳簿上は大きな金額で表示されていても、その企業から切り離された途端、ほとんど無価値になってしまうものが多いのだ。バフェットは、有形であれ無形であれ、資産の価値はそれが利益という形で富を生み出す能力によって決まると考えている。

　したがって、企業の財務力を測る最適な方法は、生み出した利益の中から負債を返済する力の大きさを見ることである。

　たとえば、バフェットの宝物であるコカ・コーラの長期負債残高は、同社の1年間の利益よりも少ない。借金を返すのに1年分の利益で十分なのだ。また、ガネット社の1999年の税引利益は9億9,000万ドルで、長期負債残高は約10億ドルだった。同社の借金も、ほぼ1年分の利益で返済できる程度だった。ジレット社は利益が12億ドルで、長期負債残高は24億ドルだから、2年分の利益で返済できることになる。

　これとは対照的に、コモディティ型の企業を代表するGMの1999年の長期負債残高は550億ドルにも達している。これは同社が1990年から99年までの10年間にあげた利益340億ドルを相当上回る水準である。前にも述べたとおり、GMが過去10年間に稼いだ利益をすべて借金返済に振り向けたとして

も、まだまだ長期負債が残ってしまうのだ。フォードも似たような状況にある。同社は過去10年間に合計351億ドルの利益をあげたが、99年末の長期負債残高は700億ドルにも達していた。

　消費者独占型企業は通常、多額の現預金を持っており、借金はほとんどない。言いかえれば、事業上どんな不測の事態が生じても、それを自分で解決できるだけの財務的蓄えを有しているのだ。多額の負債を抱え余裕資金のない企業が不測の事態に遭遇すると、自力で解決することは難しい。そうなると株価も下落し、場合によっては紙屑になってしまうかもしれないのだ。

　消費者独占力を持つ優良企業も、時には他の会社を買収するために巨額の負債を調達することがある。たとえばキャピタル・シティーズはABCテレビ放送網を買収するために、一時的に長期負債を2倍に膨らませた。こうしたケースでは、買収する相手企業もまた消費者独占型企業かどうかを慎重に確認しなければならない。ABCの場合は明らかにそうであった。もしそうでない買収だと、危険信号である。

　買収案件を評価する基本原則は次の通りである。

　1．2つの消費者独占型企業の組み合わせは、素敵な結婚になる可能性が強い。
　両社とも高水準の余剰キャッシュを生み続けるから、多額の負債もほどなく返済されるに違いない。こうした組み合わせの企業が一時的に悪材料で売り込まれているなら積極的に買い進むべきだ。やがて消費者独占力によって状況は好転するだろう。

　2．消費者独占型企業がコモディティ型の企業を買収するケースでは、ぱっとしない結果に終わることが多い。前者の生み出す利益を後者が食いつぶす結果になり、買収のために借り入れた負債の返済に回すキャッシュがあまり残らないからだ。唯一の例外は、コモディティ型の企業が事業から生まれるキャッシュフローを用いて消費者独占型企業を買収し、

その後コモディティ型の事業を捨ててしまうケースである。株価が安い局面でも、このタイプの組み合わせが投資に値するかどうかは、非常に慎重な調査・分析を必要とすることが多い。そして確信が持てない時、バフェットは見極めがつくまで辛抱強く待つのである。あなたもそれに従うことをお勧めする。

3．コモディティ型同士の結婚はほとんど大失敗に終わる。どちらも負債を返済するためのキャッシュを生む力がないからだ。たとえ株価が安いからといって、この組み合わせに投資すれば、あなたも身を滅ぼすことになるかもしれない。

悪材料現象を利用して儲けるためには、保守的な財務政策をとる消費者独占型企業をターゲットにしなければならない。近視眼的な市場に打ち勝つためには、この組み合わせに賭けるのが最も安全で確実だとバフェットは考えている。

長期負債残高が3年分の利益より少ない企業を10社あげてみよう。

1．コカ・コーラ
2．
3．
4．
5．
6．
7．
8．
9．
10．

基準4　株主資本利益率（ROE）は十分高いか

ROEの高い会社ほど株主に対して大きな富を創造している。そこでバフェットは、一貫して高いROEをあげ続けて

いる企業を探すのだ。なぜ高いROEがそれほど重要なのか。それを簡単な仮想例で説明しよう。

　株主資本は使用総資本からすべての負債を差し引いた残りと定義される。あなたが投資目的で買った一戸建て住宅の価値から、住宅ローン残高を差し引いた残りと考えればよい。あなたはその家を貸家にするために、自己資金5万ドル、住宅ローン15万ドル、あわせて20万ドルで購入したものとする。この場合の5万ドルが、企業でいえば株主持分ということになる。

　あなたが家を貸して、家賃収入から諸経費、住宅ローンの元利返済、税金を差し引いた残りが、持分に対する利益になる。もし年間家賃収入が1万5,000ドルで総支出が1万ドルだとすると、5万ドルの持分（投資額）に対して5,000ドルの利益をあげたことになる。これを投資収益率に換算すると、5,000ドルを5万ドルで割った10％ということになる。

　同様に、あなたがA社の持分証券である株式に投資する場合を考えてみよう。A社の総資産は1,000万ドル、負債総額が400万ドルとすると、その企業の株主持分の総額は1,000万－400万＝600万ドルということになる。もしA社の税引利益が198万ドルだったとすると、株主の持分に対する収益率は198÷600＝0.33＝33％ということになる。

　アメリカ大企業の過去40年間の平均ROEは約12％であった。ということは、アメリカの大企業は毎年毎年、株主から預かった資本を12％ずつ増やしてきたことになる。ROEが12％以上の企業は平均以上で、12％以下の企業は平均以下ということになる。もちろん、私たちの関心の対象になるのは平均以上の企業である。

　ROEが一貫して非常に高い企業を、バフェットは投資適格銘柄の条件と考える。だから平均ROEが12〜13％の企業など問題外だ。たとえば15％以上、それも高いほどいいのだ。

　そこで過去にバフェットの関心を引いた優良企業をいくつか取り上げ、ROEがどの程度だったかを見てみよう。
　ゼネラル・フーズのROEは、バフェットが株式を大量取

得した当時は16％前後の水準にあった。コカ・コーラ株を大量に購入した年の同社のROEは33％で、その前5年間の平均は25％だった。チョコレートで有名なハーシー・フーズもバフェットのお気に入りの銘柄だが、最近10年間の平均ROEは16.7％になっている。キャピタル・シティーズのROEは、バフェットが10億ドルのキャッシュとかなりの額のウォルト・ディズニー株と交換にディズニーに売却した年は、18％であった。そのほか、サービス・マスターは40％、USTは30％強、ガネットは27％、マクドナルドは18％といった具合である。高いROEこそ、その企業の基本的な収益力を示す尺度と考えられるのだ。

　一貫して高いROEをあげられる企業は、経営陣が単に既存の事業から十分利益をあげているだけではない。株主の資金を内部留保して行う新規投資からも高い利益を生み出す能力があることを示している。そういう企業のROEの目途は15％であり、時々高いROEをあげるだけでは、この基準を満たしているとはいえないのだ。

　そこで、あなたが興味を持っている企業がROEに関して優等生なのか劣等生なのか調べてみよう。

年	企業A（優等生）	企業B（劣等生）
1990	28.4％	5.7％
1991	31.2	1.6
1992	34.2	2.8
1993	35.9	4.2
1994	36.6	2.3
1995	48.8	7.0
1996	47.7	9.4
1997	48.8	9.3
1998	55.4	4.3
1999	56.0	6.9

　言うまでもなく、バフェットが関心を持つのはAタイプの企業であり、Bタイプではない。企業BのROEはあまりに低すぎる。企業Aのほうは非常に高く、消費者独占型企業で

あることを強く示唆している。

バフェットがROEの高さにこだわる理由はたくさんある。詳しくは本書の後半で具体的に説明されている。ここでは「一貫して高いROE」が重要な条件だということだけを強調しておきたい。

そこで一貫して高いROEをあげている企業を10社探してみよう。

　　1．リグレー社：チューインガム
　　2．
　　3．
　　4．
　　5．
　　6．
　　7．
　　8．
　　9．
　　10．

基準5　現状を維持するために、内部留保利益の大きな割合を再投資する必要があるか

ウォール街で長年証券投資のバイブルと称されてきた『証券分析』の著者で、バフェットの恩師でもあるベンジャミン・グレアムは、『長期投資対象としての普通株』という本を1924年に出版したエドガー・ローレンス・スミスのことを取り上げている。

スミスによれば、企業は毎年配当に必要な金額以上の利益をあげ続ければ、その差額が内部留保として株主持分の増加となり、理屈の上では永遠に成長し続けると考えた。平均的なアメリカ企業のROEが12％で配当が8％と仮定すれば、4％分だけ内部留保される。これが毎年繰り返されれば、株価は持分価値の増加率と同じ4％で上昇し続けるはずである。

この理屈にもとづいて、スミスは普通株の価値の増大は、内部留保された利益の再投資がもたらす持分価値の蓄積から生まれると考えたのである。しかし、グレアムは、内部留保の再投資が必ずしも株主の持分価値の増加につながるわけではないことに注意を喚起した。実際、多くの企業は単に現状維持のためだけに、内部留保を使って設備の改善や手直しを続けなければならないのだ。グレアムはスミスの理屈は受け入れながら、多くの場合、内部留保利益が株主価値の増加には結びつかないことを警告している。

　グレアムのこの指摘は大部分の企業については正しいが、消費者独占型企業だけはその例外だということを、バフェットは発見した。長期間にわたって詳しく調べてみると、消費者独占型企業は平均をかなり上回る投資利回りをあげる形で、内部留保利益を再投資してきたことがわかったのである。

　一般に消費者独占型企業は、内部留保利益を固定資産の手直しや新製品開発に投入する必要はあまりなく、非常に高収益の既存事業をさらに拡大するか、別の高収益企業の買収に振り向けることができる。バフェットがこうした企業を好むのは、自由に使える内部保留利益の存在によって不測の事態に対処できる余裕が持てるだけでなく、長期的に株主価値の増殖が期待できるからなのだ。

　前にも述べたように、利益をあげることと、その一部を内部留保する余裕があるかどうかは別問題で、さらに内部留保利益を何に使うかはまた別の問題なのである。スミスの理屈が当てはまるのは、その企業が①利益をあげ、②内部留保をする余裕があり、③内部留保の大きな割合が単なる現状維持のための再投資だけに終わらない、という条件がすべて満たされる必要があることに、バフェットは気づいたのである。そして、消費関連ではない分野の企業の多くは、一般に現状維持のための再投資負担が大きく、株主の価値を増やすために内部留保を活用する余裕はあまりないのだ。

　これを簡単な例で示そう。今、ある企業が年間100万ドルの利益をあげ、全額内部留保したとする。同社は一方で、2年毎に生産設備を更新するために200万ドルの新規投資をし

なければならない。こんなケースでは企業は事実上何ら価値をつけ加えられないのだ。バフェットが理想とするのは、毎年200万ドルの利益をあげ、全く更新投資を必要としないタイプの企業である。

　バフェットはかつてネブラスカ大学オマハ校のビジネススクールで教えていたことがある。その講義の中で企業の再投資の必要性が株主価値に与える影響を理解させるため、AT＆Tとトムソン・パブリッシングの過去の財務数値を比較しながら説明したものである。
　分割される前のAT＆Tは、魅力的な投資対象とはいえなかった。同社は多額の利益をあげていたが、いろいろな規制の下で毎年設備の更新や研究開発のためにそれ以上の投資や支出を余儀なくされていたのである。そこでAT＆Tは頻繁に増資を繰り返して株数を増やし、巨額の資金も調達しなければならなかった。
　これとは対照的に地方都市で唯一の新聞を発行するトムソン・パブリッシングは、株主の富を大いに増やした企業である。新聞事業はいったん必要な設備を揃えてしまえば、それ以後ほとんど株主の資金を再投資に回す必要はないのだ。したがって同社は内部留保利益をもっぱら他の新聞を買収することに用い、株主の富の増大につなげていった。
　この比較から得られる結論は、追加投資の必要がなくて持分価値そのものが増え続けるタイプの企業と、あくまで追加の資本を調達して投入し続けることによって規模が拡大し続けるタイプの企業と、二種類あるということだ。そして後者のタイプの企業が、景気後退の局面でどうなるかを考えてほしい。
　ちょっとした業績悪化がきっかけで、資金調達難に陥る可能性をはらんでいる。逆にキャッシュフローの潤沢な企業の場合には、どんな苦境からでも立ち直る余力を持っているのだ。
　バフェットは常に、設備更新や研究開発のための再投資負担の少ない、消費者独占型企業を探している。製品が陳腐化

しにくく、製法は単純で、ほとんど競争相手のいないタイプの企業である。町でたったひとつの新聞、キャンデーやチューインガムのメーカー、ヒゲソリ刃のメーカー、ソーダやビールメーカーなどが、とりわけ彼のお気に入りだ。いつの時代にも、消費者の好みが変わらないタイプの製品を提供する企業の将来は予想しやすく、収益見通しも確実である。

　内部留保利益をほとんど設備投資に振り向ける必要のないタイプの優良企業を10社選んでみよう。

　　　1．ハーシー・フーズ：チョコレート
　　　2．
　　　3．
　　　4．
　　　5．
　　　6．
　　　7．
　　　8．
　　　9．
　　　10．

基準6　内部留保利益を新規事業や自社株買戻しに自由に使えるか

　バフェットが優良企業の条件として重視するもうひとつの基準は、内部留保利益を利益率の高い新しい事業に自由に投入できるかどうかである。もしあなたが毎年1万ドル貯えるとして、それを大切にタンスにしまって置けば、10年後には10万ドル貯まっている。それを金利5％の貯蓄口座に預けておけば、10年後には13万2,067ドルに増えているだろう。

　あなたがバフェットの助けを借りて、毎年貯める1万ドルを年率23％で増やせるとしよう。そうすると、10年後には何と37万388ドルになるのだ。タンス預金や5％の複利貯蓄と比べると大変な違いだ。そして23％の収益率が20年続くとすると、複利の魔術で20年後の元利合計は330万6,059ドルにも

達する。これは１万ドルを20年間タンス預金した場合の20万ドルはもちろん、５％複利運用した場合の34万7,193ドルと比べても、月とスッポンほども違うのだ。

　だから、平均以上のROEを生む再投資機会のある企業の場合には、利益のなるべく大きな部分を内部留保して企業に預けておいたほうがいいと、バフェットは考えるのである。バークシャーが100％所有する会社群が平均以上の利益を生む事業機会を持つ限り、利益の全額を内部留保して再投資に回すのは大歓迎だと、彼が繰り返し述べているのもそのためだ。

　バフェットは少数株主になっている会社についても、基本的にこの考え方を適用している。つまり、投資先企業が平均以上のROEをあげ続けてきたなら、今後も利益の大半を内部留保して再投資に回すことが、投資家の利益にもかなうと考えるのである。利益のどれだけを配当し、どれだけを内部留保するかは、基本的に経営者の判断に委ねるべきだ。投資先企業が必ずしも利益を100％内部留保して再投資に振り向けるわけではないが、もしそういう企業があれば、バフェットは大歓迎するわけだ。

　ただし、既存事業への再投資負担が小さい企業でも、平均以上の利益率を期待できる新事業を持っていなかったり、過去の内部留保運用の成果が芳しくない企業の場合は要注意である。バフェットはこうした企業は利益のなるべく大きな割合を配当で支払うか、自社株買戻しに充てるのがベストだと考えている。

　内部留保による自社株買戻しは、企業が事実上自社の資産の一部を買い戻すことになるわけで、買戻しに応じなかった株主は将来の利益のより大きな割合を所有できることになる。たとえば３人の仲間で始めたパートナーシップの会社があって、それぞれが持分の３分の１を所有しているとしよう。パートナーの１人が持分を売りたいというので、パートナーシップの資金を使って買い戻したとする。この結果、残ったパートナーの持分は２分の１ずつに高まり、将来の利益は２人で折半することになる。これと同様の理屈で、自社株買戻

しは残った株主の将来の取り分を高めることになり、それを反映して株価は上昇し、株主は報われるのである。

　バフェットは投資先のすべての企業に、自社株買戻しを強く勧めてきた。それによって1ドルも追加投資することなく、GEICOやワシントン・ポスト、コカ・コーラなどに対するバークシャーの持分比率を高めることができた。実際、自社株買戻しの効果によって、バフェットの資産価値は何十億ドルも増加したのである（詳しくは第19章で取り上げる）。

　消費者独占型事業は一種のキャッシュ・カウ事業（金のなる木）とバフェットは考える。つまり非常に高収益なうえに、追加の研究開発や固定設備投資も必要としないのである。そして最高のキャッシュ・カウ企業は、別のキャッシュ・カウに投資したり買収したりする。RJR（かつてのレイノルズ・タバコ）と、フィリップ・モリスを例にとろう。両社とも長年タバコ事業を営んできたが、これは典型的なキャッシュ・カウ事業で、巨額の内部留保利益を生み出していた。もし両社が自動車事業に再投資していたら、そこから利益が出るまでに長期間、巨額の設備投資を続けなければならなかっただろう。しかし両社は、ナビスコ・フーズ、ゼネラル・フーズ、クラフト・フーズをはじめとする多数の有名食品ブランドを買収した。これらの事業も典型的なキャッシュ・カウ事業なのである。そしてかつては多数の株主を大金持ちにしてきたこの驚異的な二大キャッシュ・マシーンは、今では2,460億ドルに達するタバコ公害訴訟の損害賠償の支払いに用いられている。これこそ消費者独占型企業が、その強大な収益力をテコに危急存亡の危機から立ち直ろうとする、またとない例といえよう。19ドル近辺のフィリップ・モリスの最近の株価は、2000年最大のバーゲン品かもしれない。

　バフェットがどうしたか、だって？　1970年代から80年代初めにかけて両社に投資していたが、最近は一切保有していない。バフェットは将来が確実な企業にしか投資しない。両社の見通しはいずれも確実というには程遠いのだ。

　同じような経営で成功しているもうひとつの例は、サラ・リー社である。同社は名の通ったチーズケーキだけでなく、

レッグス（L'eggs）、ヘインズ、プレイテックスなどの優良ブランドを含む消費財ポートフォリオを持っている。

　ディズニーと合併する前のキャピタル・シティーズもその例だ。キャッシュ・カウ事業のケーブルTVが生み出すキャッシュフローを活用して、これまたキャッシュ・カウのABCテレビを買収したのである。かつてはラジオとテレビの放送事業は申し分ないキャッシュ・カウだった。いったんテレビ放送ステーションを建設してしまえば、40年間、そこからキャッシュが生まれ続けたのである。テレビ事業の消費者独占力は、政府の規制によって守られていたのだ。しかし、最近になってケーブルテレビ、衛星放送、電話回線を介した双方向テレビなどの急速な普及で、三大ネットワークであるABC、CBS、NBCが伝統的な消費者独占を維持できるかどうか疑問視され始めている。

　バフェット一家に語り継がれている、こんな話がある。キャピタル・シティーズの元CEO、トム・マーフィーがオマハにあるバフェットの自宅に遊びに来てテレビを見ていたところ、誰かが「テレビ放送技術の最近の進歩は驚異的ですね」といった。するとマーフィは、「三大ネットワークが全米企業の広告予算を独占していた、白黒テレビ時代のほうがよかったよ」と答えたものだ。放送事業はかつてほど完璧とはいえないが、いぜんとして素晴らしい事業だとバフェットは考えている。

　長期投資をめざす投資家にとって、おそらく最も重要な問いかけは、その企業の経営陣が内部留保利益を賢明に再投資できるかどうかということではなかろうか。もし再投資先が持続的な成長を見込める事業機会も経営能力もない企業だったりすれば、あなたは泥沼にはまり込んで立ち往生することになるだろう。

　バフェットはいったん消費者独占型企業の株を割安に購入した後は、それをポートフォリオの奥深くにしまい込み、内部留保が着実に増加し続けるのをただ見守っているのだ。本書の後半で詳しく取り上げるように、バフェットはいつも「複利」の効果を味方につけている。

収益性が非常に高く、内部留保利益を新しい事業の買収や自社株買戻しに活用している企業を、10社探してみよう。

1．サラ・リー
2．
3．
4．
5．
6．
7．
8．
9．
10．

基準7　インフレを価格に転嫁できるか

　インフレとは物価が持続的に上昇することである。コモディティ型の企業の問題は、人件費や原材料費が上昇するなかで、過当競争の圧力にさらされてむしろ製品価格の引き下げに追い込まれる可能性があることだ。時には売値より生産コストのほうが高くなることすらありうるわけで、その場合は巨額の損失を出すことになる。その結果、市場の供給過剰が解消するまで生産を削減せざるをえず、そのための生産調整が長期に及ぶことも多い。需給均衡の法則は働くにしても、短期間にそれが実現するわけではないのだ。その間、赤字が累積し続け、企業の活力は失われていく（牧畜業はいつもこのジレンマに悩まされている。家畜の売値が下がるなかで、餌代や燃料費、人件費、保険料、医療費などは上昇し、翌年の家畜相場を読み違えると、零細業者はたちまち行き詰まってしまう）。

　同様な事態は、しばしば航空事業でも起こる。航空会社はいろいろな固定費契約に縛られている。機体、燃料費のほか、パイロットや地上員、整備員、スチュワーデスなどの組合との協定に伴う支出は重く、インフレがこれに拍車をかける。

生存競争上、ある日突然、大幅値下げに踏み切らざるをえないのだ。ニューヨークからロサンゼルスへ飛ぶことを考えれば、すぐわかるだろう。数社あるいはそれ以上の会社の中から、好きなフライトを選べるのだ。そしてその中の1社が値を下げ過ぎると、全員がお手上げになってしまうのだ。1960年代には往復料金は優に1,000ドル以上はしただろう。それが最近では、たとえばユナイテッド航空では439ドルで往復できる。しかもマイレージ・サービス付きだ。この30年の間に機体、燃料、人件費、それにあのまずい食事ですらコストは約3倍に増えているのに、過当競争のおかげでチケット代は大幅に安くなっている。チケットを売る航空会社は少しも儲からないのだ。こうした事情を考えれば、時々、航空会社がオーバーランして破綻するのも無理からぬことだ。

このようにコモディティ型の産業では、生産コストが上昇するなかで、過当競争のせいで売値が下がることがよくある。かかわり合わないことだ。

これに対して消費者独占型企業の場合には、インフレに合わせて製品の値上げをしても、それに伴う需要の減退を心配する必要はない。インフレがどうなろうと、利益水準を維持することができるのだ。コカ・コーラもハーシーのチョコバーも、リグレー・チューインガムも、バドワイザーもマールボロも、顧客を失うことなくインフレ分だけ価格を引き上げてきたのだ。そして最も重要なことは、長期的にはそれがむしろ収益性の一層の上昇をもたらし、企業価値もそれだけ高まり続けてきたことである。その理由は次の通りである。

ハーシーは毎年、まるで時計の針のように規則正しく1,000万個のチョコバーを売り上げる。1980年当時1本のチョコバーを作るコストは20セントで、それを40セントで販売していた。つまり1個当たりの儲けは20セントだった。したがって、同社の1980年の利益総額は単に20セントを1,000万倍した200万ドルだった。もしその時点の同社の発行済株数が400万株だったとすると、1株当たり利益は200万ドルを400万株で割った50セントになる。そして、その時点の同社株に対する株式市場の評価が株価収益率（PER）15倍だった

とすれば、株価は50セント掛ける15倍で、7ドル50セントということになる。

　時は移って2000年になり、平均物価はこの20年でちょうど2倍になったとしよう。ハーシーのチョコバー1個の製造コストは今では40セントになり、それを80セントで売っている。1個当たり利益も今では40セントだ。そして同社の利益総額は40セント掛ける1,000万個の400万ドルで、やはり20年前の2倍に増えている。

　ここからが重要なポイントだ。もし同社の発行済株数が依然として400万株で同じなら、今や1株当たり利益は1ドルに増えているはずである。つまり同社は同じ販売個数から20年前の2倍の利益を株主のために生んでいる。仮にPERが15倍で変わらなければ、現在の株価は20年前の2倍の15ドルになっているはずである。チョコバーの値段と同様、あなたの持ち株の価値も2倍に高まったのだ。

　これを実現するために、ハーシーはより沢山のチョコバーを作る必要もなければ、追加の設備投資も従業員も必要とはしなかった。もし物価水準が2倍になるなかで、あなたの貯えの購買力を維持しようとすれば、あなたの投資の価値も2倍に高めなければならない。そして消費者独占型企業への株式投資が、これを可能にしてくれるのである。

　コモディティ型の事業の場合だと、コストは上昇し売値は下がる。それを営む企業の株価は悲惨なことになる。他方、消費者独占型事業の場合はコスト上昇に見合った値上げが可能になり、それを営む企業の価値も株価も、インフレにスライドして高まるのである。言いかえれば、消費者独占型事業はインフレに打ち勝つことができるのだ。

　実際に個々の製品の価格がどのように推移してきたかについて詳しいデータを入手することは簡単ではないが、主な製品の売値が昔と比べてどうなっているかをいつも意識することは大事である。まだあなたが子供だった頃の話は、年配の人から聞くようにすればいい。参考までに、30年前にはコカ・コーラは1本10セントで、ハーシーのチョコバーは50セント、マクドナルドのハンバーガーは15セントだった。

インフレを売値に転嫁する力を持っている企業を10社あげてみよう。
1．ハーシー・フーズ
2．
3．
4．
5．
6．
7．
8．
9．
10．

基準8　**内部留保利益の再投資による利益が、株価上昇につながっているか**

　バフェットは消費者独占型企業の株を適当な株価で購入できれば、内部留保利益の再投資が着実に企業価値を高め、株価も持続的に高まると考えている。これを示す最高の例が、バフェットの経営するバークシャー・ハサウェイ社である。同社の1983年当時の簿価上の1株当たり株主持分は975ドルで、株価は1,000ドル近辺だった。それから17年後の2000年には、1株当たり株主持分は3万8,000ドルで、株価は約5万ドルとなっている。換言すれば、この17年間に同社の株主持分は3,900％増加し、株価は4,900％上昇したことになる。バフェットは内部留保利益を巧みに再投資して、いくつもの消費者独占型企業の全部あるいは一部を購入し、株主持分を大きく増やしたのだ。株式市場もそれを評価して、株価は大きく上昇したのである。
　しかし、コモディティ型の企業はこうはならない。これらの企業も毎年内部留保して再投資するが、決して株主価値の大きな増加につながることはないのだ。例えばGMの1983年の1株当たり株主持分は32ドル44セントで、株価は約34ドル

だった。2000年の同社の１株当たり株主持分は約36ドルで、一方、株価は約70ドルだった。17年かけて同社の株主持分は11％しか増加せず、株価は106％上昇したことになる。バークシャーのほうが遥かによかったといえないだろうか。

　具体的な計算問題は本書の後半で用意しているが、とりあえずここでは、内部留保の再投資による株主価値の持続的な増加が高い株価上昇につながっていると思われる銘柄を、10社あげてみてほしい。まず10社をリストアップしてから、株価がどのような変遷をたどったかを、バリューライン、ヤフーあるいはMSN.comで調べてみよう。あなたの銘柄選択は正解だっただろうか。利益の増加を株価が反映してきただろうか。

　　　１．バークシャー・ハサウェイ
　　　２．
　　　３．
　　　４．
　　　５．
　　　６．
　　　７．
　　　８．
　　　９．
　　　10．

　＜まとめ＞

　バフェットは常に傑出した事業ファンダメンタルズを備えた企業を探している。こうしたスター企業は通常、例外的な高収益をもたらす消費者独占型事業を営んでいることが多く、競争相手に大きな差をつける強いブランド力を有している。

　バフェットが投資するのは、長期的に真に価値の増加を約束してくれそうな消費者独占型企業である。しかも、それがオーナーの視点で見て正当化できる場合に限って投資する（この点は後述する）。近視眼的な市場が悪材料に過剰反応した時に、絶好の投資チャンスが訪れる。そしていったん投資

した後はじっくり保有し、内部留保の再投資によって企業価値が持続的に増え続けるのを待つのだ。すると市場が企業価値の増大を評価し、株価のほうも持続的に上昇する。これこそ、バフェットが巨万の富を築いた鍵である。その秘訣は消費者独占型企業に妥当な株価で投資することにある。そこで次の章では、投資するのにふさわしい消費者独占型企業をどのように見分ければよいかを取り上げよう。

KEY POINT

- 消費者独占型企業には通常、強いブランド力がある。
- バフェットは高い収益性と持続的な利益の増加をもたらす消費者独占型企業を探す。
- 消費者独占型事業を持つ高収益企業は、保守的な財務政策をとるところが多い。これらの企業の多くは事実上無借金経営で、何か問題が生じても自力で解決できる余裕を持っているだけでなく、有望な新規事業への投資も期待できる。
- 企業が株主に長期的に報いるためには、高い株主資本利益率（ROE）をあげ続けなければならない。
- 消費者独占型企業のもうひとつの重要な基準は、内部留保を現在の事業を維持するために再投資する必要が小さいことだ。

自習問題

1. なぜバフェットは高いROEを重視するのか。
2. インフレを価格に転嫁できることがなぜ重要なのか。
3. なぜ保守的な財務政策をとっていることが重要なのか。

YES or NO

1. 低収益で利益の変動が激しいことが、消費者独占型企業の特色である。
2. 消費者独占型企業は通常、保守的な財務政策をとってい

る。
3. 消費者独占型企業は内部留保利益を使って価値を高める。
4. 消費者独占型企業はインフレを容易に売値に転嫁できる。

答え (YES or NO) 1 No, 2 Yes, 3 Yes, 4 Yes

第6章
消費者独占型企業の4つのタイプ

　何が消費者独占型事業を生むのか。なぜ、あるタイプの企業は一貫して高い株主資本利益率（ROE）をあげ続けるのか。すでに取り上げたように、バフェットはこれを有料ブリッジ効果と呼ぶ。もし橋を渡りたければ、料金を支払うほかないのだ。したがって証券投資で成功する鍵は、有料ブリッジ型の事業を営む企業に投資することである。その会社の製品やサービスを使わざるをえないような企業を見つけることなのだ。

　こうした高収益を生む有料ブリッジ型の消費関連事業を、バフェットは次の4つのタイプに分類している。

　1．長期使用や保存が難しく、強いブランド力を持ち、販売業者が扱わざるをえないような製品を作る事業
　2．他の企業が事業を続けていくために、持続的に使用せざるをえないコミュニケーション関連事業
　3．企業や個人が日常的に使用し続けざるをえないサービスを提供する事業
　4．宝石・装飾品や家具などの分野で、事実上地域独占力を持っている小売事業

　以下、これらのひとつひとつを詳しく吟味しよう。

タイプ1　**長期使用や保存が難しく、強いブランド力を持ち、販売業者が扱わざるをえないような製品を作る事業**

　コカ・コーラのようなメーカーと違って、地方のスーパーマーケットに代表される流通業者は、安く仕入れて高く売ることで利益をあげる。つまり商品はできるだけ安く仕入れ、高く売りたいのだ。その差額が流通業の儲けになるからだ。同じような製品を何社ものメーカーが作っているのなら、流通業者は一番安く仕入れられるメーカーの製品を扱うことになる。しかし、たったひとつのメーカーしかなければ、流通業者はメーカーの言い値で仕入れざるをえない。この場合、価格設定権は流通業者ではなくてメーカーが握ることになる。したがって、価格交渉力を持つメーカーの収益性は高く、利益も多くなるのである。

　ここで強調したいのは、たったひとつのメーカーしか作っていない製品を多数の流通業者が販売するような状況の下では、価格競争が作る側から売る側に移ることである。販売量を伸ばしたい流通業者は、売値を下げるだろう。しかし、メーカー側はどの流通業者にも同じ価格で売るのである。価格競争は流通業者の利益を圧迫するが、決してメーカーの懐は傷つかないのだ。

　耐久性が乏しく、ブランド力があり、どの流通業者も扱いたがる製品を作る企業は、事実上、一種の有料ブリッジを所有していることになる。そのブランド品を欲しがる消費者がいれば、流通業者は経営上その製品を取り扱わざるをえないのだ。つまり、たった1社だけしかその製品を作っていないこと（有料ブリッジ）、そのブランド品を欲しいと思えばそのメーカーから買うしかないこと（料金を支払う）が、キー・ポイントである。

　近所のクイック・ショップかセブン-イレブンに行ってみよう。どんなブランド品が並んでいるかが、おおよそ想像できるだろう。コカ・コーラやマールボロ、スコールの嚙みタ

バコ、ハーシーのチョコバー、リグレーガム、ペプシコのドリトス、などなど。これらの商品を並べなければ店はやっていけないのだ。だから、それを作っているコカ・コーラやフィリップ・モリス、USTやハーシー・フーズ、ウィリアム・リグレーやペプシコは、平均以上のROEをあげ続けているのである。

　次に、どのドラッグストアに行っても並んでいるブランド品を8つあげてみよう。たとえば、クレスト（歯磨き）、アドビル（鎮痛剤）、リステリン（口内洗浄液）、コカ・コーラ（ソフトドリンク）、マールボロ（タバコ）、タンパックス（タンポン）、ビック（ボールペン）、ジレット（使い捨てヒゲソリ）などである。これらの商品を置かないドラッグストアはつぶれてしまうだろう。したがって、これらのメーカーはすべて高いROEをあげている。

　これに対して、レストランで食事する時には普通どのブランドのコーヒーが欲しいなどと注文したりしない。ハンバーガーやフライ、サンドイッチや海老チャーハン、アイスティーなども同じことだ。だからレストランにハンバーガーを納入するメーカーは、決して平均以上のROEをあげられないのだ。レストランの客は誰も、「精肉屋のボブのところのハンバーガーが欲しい」などとは注文しないのだから。

　しかし、コカ・コーラの場合は「コカ・コーラ」と指定して注文することになる。そのレストランがコカ・コーラを扱っていなければ、それだけで何人もの客を失うに違いない。

　次に、衣料品店ではどんなブランドを扱っているだろう。フルーツ・オブ・ザ・ルーム、すなわちヘインズ社の下着、それにもちろんリーバイスのジーンズだ。両社は非常に高いROEをあげている。スポーツシューズではナイキが強く、同社のROEも高水準だ。街角の電器店ではどうだろう。ここではWD-40やGEの電球などがブランド品だ。言うまでもなく、この両社も高いROEをあげている。

　薬局の陳列ケースに並ぶ医薬品についてはどうだろう。世界中の人々がジェット機で自由に移動する時代だけに、これにともなって新種の病気もあっという間に国を超えて広まっ

てしまう。しかもウィルスは容易に変種を生み出すから、医薬品メーカーの新薬開発ニーズは尽きることがない。患者が競って求める特効薬は、高い料金を支払える人たちにしか手に入らない。だから有料ブリッジの料金徴収所にあたる薬局は、これらの特効薬を揃えていなければ商売にならないし、メルクやマリオン・メレル・ダウ、マイロン・ラボ、イーライ・リリーなどの専門医薬メーカーは非常な高収益を享受しているのだ。

コモディティ型の材料から強いブランドを作りあげたレストランチェーンは、特筆に値する。たとえばマクドナルドは、ハンバーガーという最もありふれた食品を、強いブランド商品に仕立てあげた。その経営的成功を支えたのは、品質、利便性、一貫性、手頃な価格設定である。香港であれニューヨークであれ、予期した通りの味のハンバーガーが食べられるのだ。こうしてマクドナルドは一貫して平均を上回るROEをあげ続けてきた。

これらのメーカーの広告・宣伝活動を通じて、消費者はますますそのメーカーの製品を欲しがるようになる。したがって、流通業者は利幅の大きい、安い代替品を仕入れるわけにいかないのだ。この結果、流通業者は事実上、消費者独占型企業の集金係となり、メーカーの高い収益性を保証することになる。これらの商品はその場で消費されるか、保存がきかないものがほとんどで、メーカーにとっても流通業者にとっても、有料ブリッジを渡る人の流れは絶えることがない。

バフェットはこうした有料ブリッジを持つ消費財メーカーに投資するのが大好きだ。耐久性の乏しいブランド品を提供している企業を10社あげてみよう。

1．サラ・リー
2．
3．
4．
5．
6．
7．

8.
9.
10.

YES or NO

1．バフェットは耐久性の乏しいブランド品を提供する企業が好きだ。
2．バフェットは利益が強い上昇トレンドを示しながら、一時的に落ち込んでいる企業にも関心を持つ。
3．バフェットは収益性の変動の大きい企業にも興味を示す。

答え　1 Yes、2 Yes、3 No

タイプ2　他の企業が事業を続けるために継続的に使用せざるをえないコミュニケーション事業

　かつてメーカーは、多数の営業部員を雇って顧客に製品を直接売り歩いたものだ。しかしラジオやテレビ、新聞、雑誌などが出現するに及び、企業はセールスマンの代わりに工夫を凝らした広告を打つことで、一挙に何万人もの消費者に商品を売り込めるようになった。実際、こうしたマスメディアを通じた販売活動は非常に効果があり、メーカーの売上も利益も大きく伸びたものだ。そしてついには広告・宣伝こそがメーカーの勝敗を決める重要な要素になり、消費財関連のメーカーは毎年何億ドルもの広告・宣伝予算を組んで、消費者の争奪合戦を行っている。

　こうしてしばらくすると、メーカーはもう後戻りできず、広告・宣伝を打ち続けるほかなくなる。それを止めた途端に、どこからか競争相手が手を伸ばしてきて、あっという間に自分のものだと思っていた顧客を根こそぎ持っていってしまうかもしれないのだ。

　バフェットは、広告・宣伝がメーカーと消費者をつなぐ橋の役割を果たしていることに気づいた。メーカーが自社の製

品需要を創造するためには、広告・宣伝活動もまた有料ブリッジのひとつなのだ。この有料ブリッジは、世界中の広告代理店や雑誌出版社、新聞社、放送・通信ネットワークなどに所有されている。

アメリカに三大テレビ・ネットワークしか存在しなかった時代には、その3社は膨大な利益をあげていた。これを知ったバフェットは、ABCとキャピタル・シティーズに大規模な投資を行った。だが今ではテレビのチャンネルは何十もあり、以前ほどのビジネスではなくなった。三大ネットワークが高収益をあげていることは事実だが、もはや独占的立場にはない。

同じことは新聞についてもいえる。もし一定規模の都市にたったひとつしか新聞がなければ、高収益をあげることができる。しかし、もう1社競争相手が参入すると、どちらもあまり儲けられなくなる。バフェットはこのことをバッファロー・イブニング・ニュース社への投資で体験している。競争相手がいた時代には、同社は平均的な利益しかあげられなかったが、その相手が倒産してバッファローで唯一の新聞になった後は、非常な高収益会社になったのである。町の「新聞」市場で有料ブリッジがひとつになってしまえば、広告料金を吊り上げても顧客を失う心配はないのだ。その町のメーカーにも流通業者にも、消費者に会いに行く橋はほかにないのだから。

国際的な規模の広告代理店も、巨大な多国籍企業が世界中で行う広告・宣伝の有料ブリッジになるというユニークな役割のおかげで、非常に高いROEをあげている。大きな多国籍企業が広告・宣伝を打とうとすると、世界第2位の広告会社であるインターパブリックのような企業を使わざるをえない。インターパブリックは、巨大な多国籍企業を世界中の消費者につなぐ有料ブリッジなのだ。こう考えてバフェットは、インターパブリックの株式の17％を取得したのである。

メーカーが消費者に製品をアピールするために繰り返し使わざるをえないコミュニケーション会社を、10社リストアップしてみよう。

1．ガネット・カンパニー
2．
3．
4．
5．
6．
7．
8．
9．
10．

タイプ3	企業や個人が日常的に使用し続けざるをえないサービスを提供する事業

　これらのサービスは組織化されておらず、熟練技能のいらないパートタイマーによって行われている。このちょっと変わったビジネスを行っている代表的な会社のひとつに、サービス・マスターという会社がある。同社は害虫駆除、清掃請負、家政婦派遣、芝刈などのサービスを提供している。害虫・シロアリ駆除サービスでは世界トップの会社であるオーキンや、警備保障事業を持つロリンズも、この分野の大手だ。たとえば警備保障事業の本質を考えてみよう。いったん顧客が警備用配線を行ってしまえば、その人が死ぬまで毎月サービス料を振り込み続けてくれるのだ。また毎年税の申告の時期が来ると、税の確定申告代行サービスを行うH&Rブロック社が待ち構えている。これらの企業はすべて非常に高いROEをあげている。

　バフェットが投資したアメックスのようなクレジットカード会社も、このタイプの有料ブリッジである。これまた独特の商売で、顧客がカードで買い物をするたびに売り手から一定の手数料を取り立てるばかりでなく、顧客が毎月の支払いを先延ばしすると、未払い残高に対して高利貸し並みの高い金利を徴収するのだ。有料ブリッジの両側で彼らが取り立て

る何万件もの小口の料金を合計すると、大変な額になる。これに高い金利収入が加わるとなれば、バフェットがアメックスに大いに興味をそそられた理由がわかるというものだ。この風変わりな有料ブリッジを運営するのに、巨額の資本を投入しなければならないプラントや研究開発投資は必要ないのだ。

　この種の事業に共通する特色は、いずれも必要なサービスを提供しているが、そのために巨額の設備投資も高給取りの専門家もいらないことだ。そのうえ、製品が陳腐化する恐れもない。いったん必要な経営の仕組みとインフラを作ってしまえば、仕事量に応じて従業員を増減させるだけでいいのだ。たとえばガードマンとして時給6ドルで採用した人を、数時間研修しただけで時間当たり25ドルで派遣できる。そして仕事がなくなれば、従業員を減らせばいいのだ。

　また、既存の製品やサービスをグレードアップしたり、新製品を開発するために資本やエネルギーを費やす必要もない。したがって、これらの企業の利益は事業規模拡大のための支出に回るか、配当あるいは自社株買戻しの形で株主に還元されるのである。企業や消費者が日常的に繰り返し使用するサービスを提供する会社を10社あげてみよう。

1．サービス・マスター
2．
3．
4．
5．
6．
7．
8．
9．
10．

タイプ4　宝石・装飾品や家具などの分野で、事実上地域独占力を持っている小売事業

　バフェットは、あるタイプの大規模流通業者が低価格による大量販売を通じて、事実上の独占的利益をあげていることに気づいた。「平均的な品質の商品を低価格と、よいサービスで提供する店」というブランドを確立することによって、その地域で一種の強い暖簾(のれん)を築くことに成功する場合があるのだ。とくに家具販売の分野で見られ、その代表例がバークシャーの100％子会社、ネブラスカ・ファニチャーマートである。同社は強い購買力のおかげで、大量の家具を大幅な割引価格でメーカーから仕入れることができるのだ。メーカー側も1個当たりのマージンは薄いが、大量に販売するのでそれなりに採算が取れる。これこそ「規模の経済」の効果であり、メーカーはたった1回の商談で大きな利益が確保できるのだ。そしてネブラスカ・ファニチャーマートは廉価購入の利益の一部を、競争相手より割安な価格を提供することによって消費者に還元するのである。

　これらの流通業者は通常、店舗も土地も自社所有している。したがって、何年も前に行った巨大な流通店舗への投資はすでに回収済みで、経営上は賃借料がタダになっているのである。廉価だから顧客は満足し、またそこで購入するようになる。売上はさらに伸び、利益も増え続ける好循環だ。在庫回転率が高ければ低価格でもOKということを示す古典的な例である。

　低コストで大量の商品在庫を持ち、競争相手より廉価で販売できるこれらの業者が支配する市場への参入障壁は、非常に高い。入り口のドアをこじ開けるだけでも、大変な出費がかさむ。巨大店舗を用意して大量の商品を仕入れ、爆弾のような宣伝を打つとなると、巨額の資本が必要になる。もし利益率がほどほどに高ければ、新規参入者はそれを犠牲にして独占的業者を脅かすことはできるかもしれない。ところが、この有料ブリッジの利幅は極端に薄く、独占的地位を崩すこ

とは不可能に近いのだ。

　強大な購買力にものを言わせて、大量の宝石類を極端に安く仕入れる大規模宝石店チェーンにも同様なことがいえる。彼らもまた事実上の地域独占を築いている。バフェットのホームタウンのオマハには、ボーシュハイムという名前の宝石店があり、安普請のダウンタウンの店舗でニューヨークのティファニーで売っているような高級な宝石や装飾品をとても安く売っている。地方のスーパーなどは高級宝石類などを置かないため、この店は地方のニッチ市場を独占しているのである。経営者のアイク・フリードマンは非常に誠実な人物で、「誰に対しても大いにまけてくれるらしい」という噂が町全体に行き渡ってしまったのだ。やがてオマハ以外の町からも、同社と取引するためにたくさんの人々が訪れるようになった。高級宝石のような分野でも、薄利多売ビジネスが有効だということを示す好例である。実際、アイクの店はあまりにも繁盛した結果、今やボーシュハイムは高級宝石を扱う店としては世界最大の規模となっている。バフェットはこの店が非常に気に入り、ついに1986年にアイクから買い取ってしまった。それ以降もこの店は金、銀、ダイヤモンド、ルビーなどを中心に、高収益をあげ続けている。

　イナゴやシロアリがはびこり、泥棒が栄え、人々がクレジットカードで買い物を続け、税金がなくならず、ベッドやソファが家の中で使われ、お金持ちが宝石を見せびらかしたいと思っている間は、これらの企業は高収益をあげ続けるだろう。それも遠い将来にまでわたって、巨額の利益を、である。

　薄利多売によって事実上の独占的地位を築いたと思われる流通業者を5社リストアップしてみよう。

　　1．ウォルマート・ストアーズ
　　2．
　　3．
　　4．
　　5．

YES or NO

1．大量の商品を廉価販売することによって、流通業者は事実上独占的な地位を築くことが可能である。
2．独占的地位にある流通業者は、薄いマージンを補うために、大量の売上を必要とはしない。
3．独占的地位にある流通業者は、メーカーから大幅な値引きを得るために、通常大量に仕入れる。
4．独占的地位にある流通業者は非常に廉価で販売し、間接費を引き下げることによって、参入障壁を築いている。

答え　1 Yes, 2 No, 3 Yes, 4 Yes

＜まとめ＞

消費者独占型企業を探す出発点として、スーパーやクイック・ショップ、セブン-イレブンなどの店が扱わざるをえないようなブランド商品とは何かを考えてみるといい。この訓練のほうが、何十冊もの投資に関する出版物を流し読みするよりも役に立つだろう。そういう訓練の積み重ねによって、あなたが夢見る抽象的な優良企業が具体的に見えてくるようになる。

あなたがリストアップする商品を通して、お金の湧き出る泉を持つ企業、高いROEを稼いでいる企業、株主のために例外的な利益をあげている企業が浮かび上がってくるだろう。ペンとメモ用紙を用意してリストを作ってみればいい。

その他の企業としては、地域でただひとつの地方新聞のような、ユニークな広告媒体を押さえている企業も有望だ。また、特別な製品や特殊技術も必要としないサービス・マスターやロリンズ、H&Rブロック、アメリカン・エキスプレスなどの、継続的な日常サービスを提供する企業も注目に値する。そして忘れていけないのは、薄利多売で地域独占的な地位を築いている流通業者である。

バフェットは上のどのタイプの企業も、買値さえ間違えなければ黄金の山に導いてくれることを証明したのだ。

KEY POINT

　バフェットは消費者独占型事業には4つのタイプがあることを発見した。
●保存がきかず、強いブランド力を持ち、流通業者が取り扱わざるをえないような製品を作っている事業
●メーカーが消費者にアピールするために、継続して使用しなければならないようなサービスを提供するコミュニケーション事業
●企業や消費者が日常的に繰り返し必要とする、継続的なサービスを提供する企業
●宝石・装飾品や家具のような商品の分野で、事実上地域独占的な地位を築いている流通業者

第7章

絶好の買い場が訪れる 4つのケース

　バフェットの成功の秘訣は、一時的な業績の落ち込みによって株価が大きく下げたところで投資することにある。しかも投資先企業が、必ず一時的苦境から立ち直ることを確信している。バフェットは長年の経験を通して、株価が下がっても立ち直ることが可能ないくつかのパターンを見分けられるようになった。
　以下、4つのケースに分類して検討しよう。

ケース1　相場全体の調整や暴落

　相場全体の水準調整や暴落のケースは、一番わかりやすい。個別企業の業績見通しとは無関係に株価が下落するのだから、安心して投資できる。証券会社や投資関係のビジネスを行っている金融機関では、株価動向や出来高などによって業績がかなり左右されることに注意する必要があるが、それ以外の企業の業績は相場の低迷によって直接悪影響を受けることはない。それにもかかわらず、相場が大きく下げる局面では、ほとんどすべての銘柄の株価がつられて下落する。
　この場合、個々の優良企業はとくに解決すべき難問を抱えたわけではないため、安心して投資できる。バフェットのように適切な買値さえ決められれば、これは最も安全な「買い場」といえよう。バフェットはワシントン・ポストを1973～74年の暴落時に、コカ・コーラを1987年のブラックマンデーの時に買い始めた。ほとんどの投資家がパニックに陥ってい

るまさにその時に、まるで価値に飢えた人間のようにこれらの企業の株を買い漁った。その後の追加投資も含めると、ワシントン・ポストを172万7,765株、コカ・コーラを2億株まで保有するに至ったのだ。

相場が暴落する時はほとんどすべての銘柄が下げる。とりわけ直近の決算期で減益になるという悪材料が出た企業ほど、下げ幅が大きいものだ。下げ相場では悪材料の影響が増幅されるということを忘れないでほしい。相場の暴落と悪材料が重なった時こそ、バフェットの言う絶好の買い場なのだ。

消費者独占力の強い企業の株価は、相場の調整が終われば大きく回復するだろう。しかし注意しなければならないのは、平均株価収益率（PER）が40倍にもなるようなブーム後の相場調整は長引く可能性が強く、優良銘柄でも回復にかなり手間取ることだ。コモディティ型の企業の株価になると、ピークの水準を二度と回復しないことが多く、その場合は投資した資金を取り戻せないことになる。

消費者独占型企業の株価は通常、相場の調整が終わって1～2年のうちに元の水準に戻るものだ。この回復過程こそ優良銘柄に投資する絶好のチャンスであり、その場合、1年から2年の間に実現する投資収益率は劇的に高くなることが多い。相場全体の調整や暴落こそ、バフェットを大金持ちにした大きな要因なのだ。

ケース2　全般的な景気後退

2つめのケースは、全般的な景気後退である。こうした局面では、ほとんどの企業の業績が悪化する。ただ、その度合いは産業や企業によってまちまちだ。1株当たり利益（EPS）が大きな赤字になる企業もあれば、減益幅が小さい企業もある。不況が終わるまでには1年から4年とかなりの時間がかかるが、逆にいえば絶好の投資機会を提供してもくれる。もっとも、最悪の場合には倒産する企業も出てくるから、株価が非常に割安だからといって騙されないようにしなければな

らない。保守的な財務政策をとり、不況に入る前には非常に業績のよかった企業の中から選ぶべきだ。

　キャピタル・シティーズ/ABCグループは、1990年のアップ・ダウンの激しい相場変動のあおりを受けて、大きく株価が下落した企業のひとつだった。不況の影響で広告収入が減少し始めたため、1990年のEPSは前年比横ばいに終わるという見通しを発表した途端、暴落に見舞われたのである。EPSが年平均27％で伸び、それを前提に形成されてきた同社の株価は、わずか6カ月の間に63ドル30セントから38ドル近くまで下落した。今年の利益は昨年と同じくらいの水準だと発表しただけで、市場は40％も評価を下げたのである。ちなみに、1995年に同社はウォルト・ディズニー・プロダクションとの合併を発表し、それを好感して株価は125ドルまで上昇した。もしあなたが1990年当時38ドルでキャピタル・シティーズの株に投資して1995年に125ドルで手放したとすると、複利ベースの年平均投資収益率は26％、1株当たりの値上がり益は87ドルになる。

　バフェットは1990年に銀行業界が不況に陥ったのを見て、ウェルズ・ファーゴに投資して大成功した。全般的な景気後退の下ではどの企業も業績悪化に見舞われるが、強い企業の立ち直りは早く、弱い企業は淘汰されてしまう。ウェルズ・ファーゴは全米大手行の中でも最も保守的で慎重な経営で知られ、西海岸随一の優良銀行として全米7位にランクされていた（以下の数字は同行の2000年の株式分割の影響を調整していない。最近のデータと比較したい時はすべての1株当たりデータを6で割る必要がある）。

　1990年から91年にかけて深刻な不動産不況に見舞われたため、ウェルズ・ファーゴは借り手企業の倒産リスクに備えて約13億ドル、1株当たり株主持分55ドルのうち25ドル相当を貸倒準備金に組み入れた。同行は万一起こるかもしれない貸倒損失に備えて、株主勘定における項目の振替を行ったにすぎなかった。実際、それだけの貸し倒れが発生したわけではないし、現実に発生の恐れがあるというのでもなかった。潜在的な可能性に対しても十分備えができていることを示そう

としたにすぎなかった。

　かりにそれだけの損失が発生し、それを全部準備金の取り崩しで処理したとしても、まだ1株当たり28ドルの株主持分が残るのである。実際には、その後貸倒損失も発生したが、同行が備えた13億ドルよりかなり少ない額ですんだ。1991年には期間利益の大半はそれによって失われたが、それでも同行の経営には全く支障はなく、1株当たりわずか4セントではあったが黒字を計上したのだ。

　しかし、ウォール街はウェルズ・ファーゴを、当時破綻に瀕した多数の貯蓄貸付組合と同列にしか評価しなかった。同行の株価はわずか4カ月の間に86ドルから41ドル30セントに暴落したのである。1991年の利益がほとんどゼロになると発表しただけで、株価は52％も下落してしまったのだ。バフェットはウェルズ・ファーゴの発行済株式の10％に当たる500万株を、平均57ドル80セントで取得した。

　全米大手行の中でも最も優良経営で知られるウェルズ・ファーゴが、同等の銀行に比べて格安に売られていると判断したのである。すでに述べたように、銀行業界の競争は激しいが、ウェルズ・ファーゴのような大金融センターをベースに持つ銀行は、金融サービスの世界ではやはり一種の有料ブリッジなのである。個人であれパパママ・ストアであれ、巨大企業であれ、この社会に存在し続けようと思えば銀行口座や一般借入、抵当借入などを利用せざるをえない。そして口座を開設し、借入や抵当ローンを組むたびに、バンカーが各種サービスの対価として金利や手数料を請求してくるのだ。ちなみに、カリフォルニア州には何万社もの企業と無数の中小金融機関がひしめいており、ウェルズ・ファーゴはそのすべてに対して、有料であらゆる金融サービスを提供しているのである。

　同行の貸倒損失は、1990年に備えた上限よりかなり少ない金額にとどまった。そして9年後の2000年には、同行の株価は約270ドルにまで上昇した。1991年にバフェットが行った同行への投資収益率は、年平均複利ベースで18.6％になっている。銀行ほど素晴らしい事業はないとバフェットは考えて

いる。

　キャピタル・シティーズの場合もウェルズ・ファーゴの場合も、不況で株価が大幅に下落し、優良企業の株を購入するまたとない機会を与えてくれたのである。

ケース3　個別企業の特殊要因

　優良企業も時には愚かな行動に走り、大きな損失を出すことがある。こうしたケースでは株式市場は十中八九、株価を売りたたくものだ。投資家としてはこの失敗が一時的なもので終わるのか、それとも命取りになるのかを判断しなくてはならない。財務力の強い消費者独占型企業の場合には、ほとんど確実にこの種の危機を切り抜ける力を持っている。バフェットは経営上の失策で株主持分がほとんどゼロになってしまった時に、GEICOとアメックスの株を大量に取得したのだ。

　GEICOは1936年から70年代半ばにわたって、代理店を使わない直販方式で、優良ドライバーを対象にした自動車保険を提供し、莫大な利益をあげていた。しかし、70年代初めに同社を引き継いだ新しい経営チームは、規模拡大を指向してリスクの高いドライバーにもどんどん保険を売り始めてしまった。

　当然のごとく事故率は高まり、GEICOの保険金支払いが増えた。ついには1975年に同社は1億2,600万ドルの赤字を計上し、破綻寸前の状態に陥ったのだ。経営危機を回避するため、同社はジャック・バーンズを新しいCEO兼社長として迎えた。バーンズは就任するや否や、バフェットに大株主になるよう要請したのである。その時、バフェットがつけた注文は、事故保険をドライバーに無差別に売るというばかげた経営方針を止め、優良ドライバーだけを相手にする、従来の低コスト経営に戻ることであった。バーンズはそれを約束し、バフェットは投資に踏み切った。1976年から80年にかけて合計4,570万ドルの投資を行い、1996年にはその価値は23

億9,300ドルに増加していた。これは複利ベースで年率28％の投資収益率に相当した。その年、バフェットはGEICOの全株式を取得し、バークシャーの傘下に収めたのである。

　アメリカン・エキスプレスは1960年代に非常に特殊な問題に巻き込まれた。同社は倉庫業の子会社を通じて、穀物ディーラーのアンソニー・ディーングリス社が所有する6,000万ドル相当のサラダ油の存在証明を発行し、アンソニー・ディーングリス社はそれにもとづいて、サラダ油を担保とする6,000万ドルの銀行借入を行った。同社が支払不能に陥ったため、銀行は担保権を行使してサラダ油を処分しようとしたところ、その油はどこかへ消えてしまっていたのだ。うかつにも存在しない油の存在証明をしたアメリカン・エキスプレスは、貸手に6,000万ドルを支払う羽目に陥ったのである。

　この支払いによって同社の株主持分はほとんど失われ、株価は地に落ちてしまった。だがバフェットは、アメリカン・エキスプレスのクレジットカードおよびトラベラーズチェック事業の有料ブリッジは、びくともしないと判断したのだ。この突発的な損失は、同社の長期的な消費者独占力とは無関係だと考えたのである。そこでバフェットは、当時運営していた投資ファンド「バフェット・パートナーシップ」の資金の40％を注ぎ込んで、アメリカン・エキスプレスの発行済株式のおよそ５％を取得した。それから２年後、市場は再びアメリカン・エキスプレスの価値を見直し、バフェットは持ち株を処分して2,000万ドルの値上がり益を手にしたのであった。

　こうした問題の影響は、たとえば次のように考えればわかりやすい。あなたが何かの理由でコカ・コーラを訴えて、2001年に約30億ドルの支払いを勝ち得たとしよう。それはちょうど同社の１年間の税引利益に相当する金額である。この裁判であなたが勝訴したというニュースが伝わると、コカ・コーラの株価は暴落するだろう。しかし、この裁判の結果は、コカ・コーラが2002年以降にあげ続ける大きな利益には何の影響も与えない、一時的な問題なのだ。同社が持つ有料ブリッジは少しも傷つかない。コカ・コーラは2001年に限り配当

を株主ではなくて、あなたに支払うだけのことなのだ。2002年には同社は30億ドル、あるいはそれ以上の利益をあげ、2005年頃になれば2001年に敗訴したことなど誰も覚えていないだろう。株価もその頃にはすっかり回復しているのだ。投資家とはなんと忘れやすい動物なのだろう！

ケース4　企業の構造変化

　企業に大きな構造変化が起こる時には、しばしば一時的な特別損失が発生し、株価に悪影響を及ぼす。合併やリストラ、組織再編などにともなって、その期は大幅な減益や赤字につながることが多い。それを反映して株価が下落し、時として絶好の投資機会が訪れることがある。合併とリストラの影響で一時的に赤字になったCOSTCO社にバフェットが投資したのは、この例である。

　また、企業の形態を株式会社からパートナーシップに変更するとか、ひとつの事業部門をスピンオフによって分離するといった構造変化が、株価にプラスの影響を及ぼすケースもある。バフェットがテネコ・オフショアやサービス・マスターに投資したのは、これらの企業がパートナーシップに切り替わった時である。またシアーズに投資したのは、同社がオールステートをスピンオフすることを発表したのがきっかけだった。

KEY POINT

悪材料現象には次の4つのタイプがある。
- **相場全体の調整や暴落**
- **全般的な景気後退**
- **個別企業の特殊要因**
- **企業の構造変化**

相場全体が大きく下げるなかで、景気悪化や個別企業の特殊

事情にともなう悪材料が出た時こそ、絶好の買い場になる。

自習問題
1. なぜ相場全体の下落のほうが、個別企業の特殊要因による値下がりより安全な投資機会と考えられるのか。
2. 全般的な景気後退の下では、なぜ最強の企業に投資対象を絞ることが重要なのか。

YES or NO
1. バフェットの言う4つの買い場の中で、相場全体の暴落が最もわかりやすい。
2. バフェットは解決可能な一時的問題を抱えている企業には興味を示さない。
3. 全般的な景気後退の下では、強い企業は弱い企業より遥かに早く立ち直る。
4. 相場全体の暴落と景気悪化や個別企業の一時的問題が重なった時は、投資すべきでない。

答え（YES or NO） 1 Yes、2 No、3 Yes、4 No

［応用編］

バフェットの方程式

はじめに

　企業に悪材料が出て株価が値下がりした時が、買いのチャンスだ。しかし、投資を行う前に、その企業が悪材料を克服して、再び繁栄を謳歌するだけの力強さを持っているかどうかを吟味することを忘れてはいけない。また、その企業の株に投資することが、ほかの投資機会に比べて有利なのかどうかも考える必要がある。そんな時に、これから紹介する、株式の本質価値を計算する方法が役に立つに違いない。それほど難しいものではないので、気軽に学んでほしい。

　ところで、くどいようだが、計算に取りかかる前に次の2点だけは確認しておいてほしい。ひとつは、その企業が消費者独占型の企業かどうか。もうひとつは、その企業の経営陣が有能かつ誠実で、株主の利益を第一に考えて経営しているかどうかである。

　バフェットの意見によれば、消費者独占型企業の場合には能力の劣る経営者の下でも、その市場支配力が損なわれることはめったにない。しかし、投資家の利益が損なわれるのは珍しいことではないのだ。コカ・コーラはその典型例である。1970年代、同社は強力なブランド力を持ち、その市場支配力は揺るぎないものだった。しかし、70年代を通じて経営を任された経営陣は、同社の企業価値を高めることができなかった。この時期のコカ・コーラは優れた経営者の登場を待ちながら、長い眠りについていたのである。

　転機は1980年に訪れた。社長にロバート・ゴイズエタが就任したのだ。ゴイズエタは社長に就任するや否や優れた経営手腕を発揮し、アメリカン・フットボールのスター選手のように得点を重ねて見せた。コカ・コーラの1株当たり利益は毎年成長し続け、株価もロケット並みの上昇を記録したのである。

　しかし、偉大な経営者とて、永遠には生きられない。ゴイズエタが世を去り、その後を引き継いだ経営陣は、ゴイズエタほどの名選手というわけにはいかなかった。彼らは次から

次へとミスを繰り返した。なかでも最悪のミスは、製品の一部に異物が混入し、ベルギーとフランスで製品の回収を余儀なくされたことだ。これはヨーロッパでの販売に悪影響を与えたばかりでなく、当然のことながら、株価の下げ要因となった。だが、バフェットの目から見れば、これは悪いことばかりでもなかった。市場がこうした悪材料を過剰に織り込み、株価が大きく下げるようなら、それは格好の買い場となりうるからだ。

　株式投資では、その企業の経営陣が投下した資本に対して十分な利益をあげられるのかどうか、まずそれを見極めなければならない。それが確認できたところで、その企業の株価が、投資対象として魅力的な水準であるかどうかの判断に移るのだ。この株式投資のプロセスにおいて、投資家はいくつかの計算を行う必要がある。その計算方法を次章以降でひとつずつ紹介していきたい。

　それではパソコンでエクセルを立ち上げたら（もちろん、関数電卓でもかまわない）、紙と鉛筆を用意し、コーヒーを片手に、シャツの袖をまくって、計算問題に取り組むことにしよう。それがバフェット流というものだ！

第8章
なぜ安値で買うことが大切なのか

☆可能な限り安値で買え

　バフェットの銘柄選択の哲学については、[基礎編]でじっくり紹介したつもりである。消費者独占力を持ち、かつ株価の売り込まれた企業がそのターゲットだ。消費者独占型の企業を見つけること自体は、さほど難しいことではない。難しいのは、その中でも株価が割安に放置されている企業を発掘することだ。

　バフェットによれば、市場のコンセンサス通りに投資を行うのは、その銘柄を高値で買うことに等しい。市場の誰もがその銘柄に見向きもしなくなった時こそ、投資を決断するチャンスである。好材料が出たからといって即、買ってはならないのだ。一般の投資家は好材料が出ると買い、悪材料が出ると売るものだ。しかし、好材料が出た時点で投資をすると、結局のところ、それを織り込んだ高値で買うことになる。割安な水準で買いたいのであれば、じっと悪材料を待つべきなのだ。

　とにかく、その時点で人気化している銘柄への投資は避けるべきだ。バフェットが目をつけるのは、ほかの誰もが投資したがらない不人気な銘柄が多い。このことは知っておいて損はない。

　割安な値段で買う――これは投資における非常に重要なポイントだ。ところが、バフェットの投資手法を紹介した本やレポートの著者たちは、ほとんどの場合、この点を見過ごしている。彼らによると、バフェットの関心は、消費者独占型

の優良企業に投資をすることと、長期的な投資を行うことの二点だけで、買値がいくらになるかなど眼中にないかのようである。しかし、それは大間違いだ。

次のような例を考えてみてほしい。チューインガムで有名なリグレーの1989年の株価は、安値が11.80ドル、高値が17.90ドルだった。一方、10年後の1999年の株価は100ドルだった。したがって、リグレー株を1989年に購入し、1999年に売却したとすると、この期間の税引前の投資収益率（リターンともいう）は、高値の17.90ドルで購入した場合は年平均18.7％、安値の11.80ドルで購入した場合は年平均23.8％となる。では、1989年に遡って、リグレー株に10万ドルを投資したとしよう。購入価格が高値の17.90ドルなら、10万ドルは年18.7％の複利で成長し、1999年には55万5,273.80ドルになる。安値の11.80ドルなら、84万5,273.75ドルに達する。その差は実に29万406.95ドル。高値で買うのと安値で買うのとでは、これほどまでに差が開くのだ。

さて、ここで少し計算に慣れてもらうために、リグレー株に投資した場合の、10年間の年平均収益率を計算してみよう。計算には、エクセルなどの表計算ソフトがインストールされているパソコンを使うと便利である。まず最初は、1999年の株価100ドルを、1989年の株価11.80ドルで割ることから始める。これで、1989年に投資した金額が、1999年に、その何倍になるかが計算できる。次に、この値の投資年数に対応する累乗根（この場合は10乗根）を求め、この計算結果から1を差し引いた数字が、目的の年平均収益率（複利ベース）となる。この計算を式で書くと

$$\left(\frac{100\text{ドル}}{11.80\text{ドル}}\right)^{\frac{1}{10}} - 1$$

となり、エクセルで計算する場合には「＝(100/11.80)^(1/10)－1」と入力するだけでいい。では、これを数式バーに挿入してリターンキーを押してみよう。すると、セルには0.238（小数点以下4桁を四捨五入）という計算結果が表示されるはずだ。これをパーセント（百分率）で表した数字23.8％が、ここでの答えである。

(画面内注記: 数式バー / 数式を挿入後にリターンキーを押すと表示される)

　エクセルで計算式を入力する時は、二分数字（半角ともいう）を使うとよい。加減乗除などの記号は、加減は「＋、－」、掛けるが「＊」、割るが「／」、累乗、累乗根は「＾」で表す。

　買値に関するバフェットの姿勢は単純明快である。それは「可能な限り安値で買う」ことにつきる。株式投資の収益率は、株式を購入する時の買値しだいで大きく違ってくる。そして、そこで生じる差が、投資の世界における成功者と、それ以外の人々とを分ける決定的な要因となるのだ。

　株価が割安かどうかを判断するには、株価を見るだけでなく、その企業に何が起こっているかを知らなければならない。バフェットの頭の中には1,000社以上の企業の知識が詰まっている。ニューヨーク証券取引所に上場されている企業についてなら、どの企業であれ、いつでも自分の判断を語ることができるほどだ。といっても、それはさして驚くほどのことでもないのだ。暇さえあればベースボール・カードの裏側を見て、そこに書かれている記録を覚えてしまう子供と同じなのだ。もっとも、時間に余裕のない読者のためには、百科事典的な知識を蓄えるのに代わる、別の手だてが必要だろう。そのための次善の策はインターネットである。

第8章　なぜ安値で買うことが大切なのか　　97

☆必要な情報はインターネットで入手できる

　インターネットを活用すれば、以前なら収集するだけで何週間もかかっていたはずの情報が、マウスをクリックするだけで手に入る。インターネット上では、どの企業が問題を抱えているか、どの企業の株価が大きく値下がりしているか、などといった様々な金融情報を提供しているホームページが数多く存在する。たとえば、MSN.com やヤフー（finance.yahoo.com）の金融情報ページを見れば、今注目を集めているセクターや銘柄は何か、人気の圏外に置かれているセクターや銘柄は何か、簡単に知ることができる。

　これから私たちが探そうとしているような、市場に見放された銘柄を見つけ出すことは、今やかつてのように難しいことではない。MSN.com やヤフーなど金融情報を提供するホームページには、通常、直近値下がりの著しい銘柄がリストアップされており、それらをひとつひとつチェックしていけばいいのだ。1株当たり利益（EPS）や株価収益率（PER）をはじめとする各種の株価指標や、その企業に関する最新のニュースも提供されている。また、証券取引委員会（SEC）への報告書や、企業のホームページにつながるリンクなども設けられている。

　ところで、読者のみなさんは、EDGAR情報システムについてご存知だろうか。SECは、アメリカで株式を公開するすべての企業の財務情報を、EDGARと呼ばれるシステムを通じて公開している。これは素晴らしい情報源であり、マウスを数回クリックするだけで、誰でも簡単にアクセスできる。ぜひみなさんも活用してほしい。

　興味を惹かれた企業がホームページを持っている場合は、必ず見ておいたほうがいい。こうした企業の多くはホームページを通じて、年次報告書をはじめ様々な財務情報を提供している。また、その企業の事業内容について、より詳細な知識を得ることもできる。これらの情報は、その企業が消費者

独占型の企業なのか、差別化の難しいコモディティ型の企業なのかを判断する、有力な手がかりを与えてくれるものだ。

バリューライン・インベストメント・サーベイは、バフェットの長年の愛読誌である。バリューラインは約1,600社の企業の過去15年間の財務データを提供している。定期的に目を通してみることをお勧めしたい。もし購読料が高すぎると思う読者は、図書館に行けば無料で閲覧できる。図書館はインターネットを使った情報収集の場としても活用できる。自宅にパソコンがなくても、近所の図書館に行けば、無料でインターネットを使うこともできるだろう。ほかにも、安上がりの情報収集方法として、興味を持った企業に電話をかけて年次報告書を送ってもらうこともできる。

興味のある企業が見つかり、直近の貸借対照表や損益計算書、過去10年間の１株当たり利益（EPS）や株主資本利益率（ROE）など、必要な情報を集め終わったら、バフェット流の計算に取りかかることにしよう。

計算の目的は、次の２つの点を明らかにすることにある。第１は、その企業が消費者独占型なのかどうかである。かりにそうであれば、その消費者独占力の強さも、あわせて吟味しなければならない。

第２は、その株価が投資すべき妥当な水準にあるかどうかである。この条件を満たす状況は、一般に株式市場が下げ相場にあるか、企業が経営上の困難に直面しているかのどちらかのケースである。

KEY POINT

●投資対象を見つけるのに**必要な情報はすべてインターネットで入手できる**。しかも、そのほとんどは**無料**だ。
●なかでも「**人気集中銘柄、人気離散銘柄**」リストは、**投資対象を物色するうえで役に立つ**。
●**全米の公開企業の財務データ**はSECのEDGARシステムを

通じて公開されている。情報を入手するには、インターネット上のホームページ（www.freeedgar.com）にアクセスすればよい。

●**株式投資の収益率(リターン)は、買値いかんで大きく違ってくる。**

自習問題

1. 企業情報を入手できるインターネット上のホームページを4つあげなさい。
2. 企業分析を行う前に準備しておくべき財務情報をあげなさい。

答え（自習問題） 2. 直近の貸借対照表、損益計算書、過去10年の1株当たり収益（EPS）、過去10年の株主資本利益率（ROE）

第9章
利益は安定して成長しているか

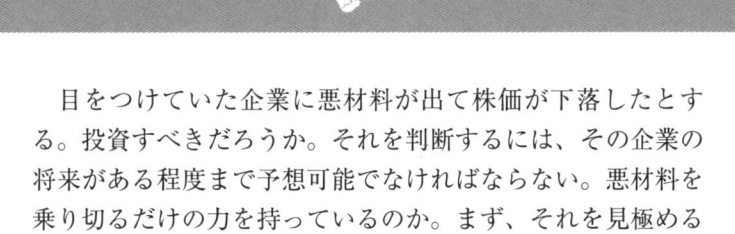

　目をつけていた企業に悪材料が出て株価が下落したとする。投資すべきだろうか。それを判断するには、その企業の将来がある程度まで予想可能でなければならない。悪材料を乗り切るだけの力を持っているのか。まず、それを見極めることが肝要だ。

　本章で紹介する分析は、いたって単純だが、企業分析の基礎でもある。対象となる企業の利益がどの程度まで予想可能なのか、大まかな感触をつかむためのものである。証券アナリストはムーディーズやバリューラインを眺めながら、自分でそれと意識することなく、ここに紹介するような分析をしている。そこで本書も、そこから始めることにしよう。

　要するに、過去数年間の1株当たり利益（EPS）の動向を分析することである。具体的には、毎年のEPSは安定的か、それとも不安定か。EPSは中長期的に上昇傾向を示しているか、それともジェットコースターのように上下を繰り返しているだけか。直近の業績は増益か、それとも減益だったり、赤字になったりしていないか。こうした点を確認するわけだ。

　ムーディーズやバリューラインのような投資情報誌には、過去数年分の利益の一覧表が載っており、それを見れば利益動向は簡単に分析できる。ムーディーズやバリューラインを使う代わりに、MSN.comやヤフー・ファイナンスなど、インターネット上の金融情報ページを利用してもいい。アメリカは投資家の国であり、身の回りには投資情報があふれている。

☆利益パターンは4つある

　企業の利益動向は以下の4パターンに大別できる。このうち投資対象になりうるのは、3つのパターンだ。なかでも、企業Aのように利益が安定していて、かつ中長期的に上昇傾向を示している企業が理想的である。企業Bのように、利益が極端に振れる企業は投資対象から除外すべきだ。

A：消費者独占型企業		B：コモディティ型企業	
年	EPS	年	EPS
1990	1.07ドル	1990	1.57ドル
1991	1.16	1991	0.16
1992	1.28	1992	−1.28
1993	1.42	1993	0.42
1994	1.64	1994	−0.23
1995	1.60	1995	0.60
1996	1.90	1996	1.90
1997	2.39	1997	2.39
1998	2.43	1998	−0.43
1999	2.69	1999	0.69

　企業AのEPSは、1994年から1995年にかけて1.64ドルから1.60ドルに低下した以外、毎年成長を続けている。一方、企業Bの利益には明確なトレンドを見出すことができない。とくに専門的な知識がなくても、企業Aの利益のほうが、企業Bの利益に比べて予想しやすいことはわかるだろう。このように、ある企業について手に入る情報が、過去10年間の利益動向だけだったとしても、少なくとも2つのことがわかる。
　(1) その企業の利益は安定的か
　(2) 利益は中長期的に上昇傾向を示しているか

　両者に対する答えが、ともに「はい」であれば、次に続く質問は、「それを実現してきた要因は何か」ということである。
　企業Bへの投資は全く意味がないとは言い切れない。しか

し、バフェットの視点からすると、Bのように利益の安定性を欠く企業は、将来の利益に対して確信が持てないために、投資対象にはならないのである。したがって、バフェットの検討対象になるのは企業Aだけである。

「相手が太っているかどうかを知るのに、わざわざ体重を測ってみる必要はない」というのは、バフェットの恩師、ベンジャミン・グレアムの有名な言葉である。企業の利益動向を分析する際にも、全く同じことがいえる。利益動向の分析で、まず最初に行うべきことは、過去10年、少なくとも過去7年程度の期間を通じてEPSが安定的であったか、それとも不安定であったかのイメージをつかむことである。簡単に白黒がつく企業が多いかもしれないが、判別の難しい灰色の企業も少なくないだろう。途中で何か怪しいと感じたら、その分析は中断して、他の企業の分析に移るべきだ。反対に、何か面白そうなものを感じたら、腰を据えて、もう少し深く掘り下げてみるといい。

☆直近の利益が落ち込んだ企業が狙い目

企業にとっての悪材料は投資のチャンスをもたらすものだが、たいていの場合、利益の落ち込みもともなう。落ち込みの度合いは、前年度に比べて弱含む程度のものもあれば、赤字に転落するような厳しい状況もある。

企業Cは、1999年の利益が前年に比べて大幅に落ち込んでおり、一時的減益の典型的な例である。企業Dは、1999年の利益が赤字に転落している。

C：消費者独占型の可能性のある企業		D：消費者独占型の可能性のある企業	
年	EPS	年	EPS
1990	1.07ドル	1990	−1.07ドル
1991	1.16	1991	1.16
1992	1.28	1992	1.28
1993	1.42	1993	1.42
1994	1.64	1994	1.64

1995	1.60	1995	1.60
1996	1.90	1996	1.90
1997	2.39	1997	2.39
1998	2.43	1998	2.43
1999	0.48	1999	−1.69

　企業CとDは、ともに1998年までは安定した利益成長を続けてきた。問題は1999年の落ち込みである。それが一時的なものなのか、それとも構造的なものなのか。その答えを得るためには、証券アナリストと同様、企業のファンダメンタルズを分析する必要がある。その企業が消費者独占型かどうか、またその市場支配力が直面する困難を克服していけるだけの強さを備えているのかを分析するのである。バフェットは、企業Cや企業Dのような状況にこそ、大きな収益を得る投資機会が存在すると考えている。そこで、現状が長期間続くのか、それとも経営陣の努力や経営環境の好転によって、いずれは改善されるものなのか、その点を明らかにしなければならない。

KEY POINT

●過去10年間のEPSを見るだけでも、その企業について多くのことを知ることができる。
●過去10年以上にわたって安定した利益成長を続けている企業こそ、バフェットが求める企業だ。
●利益が毎年大きく変動するような企業は、投資対象にはならない。
●過去に安定した利益成長を続けていて、直近、利益が落ち込んでいるような企業は、バフェットにとって有力な投資対象候補である。

自習問題

1．直近の利益が赤字の企業も、なぜバフェットの投資対象

となりうるのか。
2．なぜ安定した利益成長が重要なのか。
3．安定した利益成長を続けている企業を5社あげよ。

YES or NO

1．安定した利益成長を続けている企業がバフェットの投資対象である。
2．過去に安定した利益成長を続けていながら、直近の利益が落ち込んでいるような企業も、バフェットは投資対象と考える。
3．利益が毎年大きく変動するような企業も、バフェットの投資対象である。

答え（YES or NO）　1 Yes、2 Yes、3 No

第10章

買値こそ投資収益率の鍵を握る

☆バフェットとウォール街のプロとの違い

　ここではまず、バフェットが「企業のオーナーとしての視点」と呼ぶ投資姿勢について触れておきたい。それは投資した企業の利益を、保有株数に応じて自分自身の利益と見なす考え方である。たとえば、100株の株式を保有している企業が、5ドルの1株当たり利益（EPS）をあげた場合、500ドル（5ドル×100株＝500ドル）の利益を得たと考えるのである。

　したがって、バフェットにとっては、その企業が500ドルの利益を配当として支払うか、内部留保として再投資するかは、自分の利益をどう使うかという選択の問題にすぎない。企業の内部留保は再投資によって企業価値の上昇をもたらし、企業価値の上昇は長期的には株価の上昇という形で報われるというのが、バフェットの考え方だからだ。

　このような考え方は、ウォール街のプロが共有する見方とはやや趣を異にする。彼らにとって会社の利益とは、配当として支払われて初めて自分自身の利益と見なされるものだからだ。ところで、バフェットが経営する持株会社のバークシャー・ハサウェイは、彼が経営を掌握して以来、一度も配当をしたことがない。それにもかかわらず、1980年代の初めに450ドルだった株価は、今日、およそ5万4,000ドルにもなっている。この間、バフェットは、利益を配当として支払う代わりに全額内部留保し、それを高収益をもたらす対象に再投資して、同社の企業価値を高めてきた。その結果が、バーク

シャーの株価の上昇であり、同社の株主は十分に報われたのである。

☆ 投資額に対する直利

バフェットにとって、投資した企業の利益は、保有株数に応じた自分自身の利益である。したがって、この利益を購入時の株価で割った益利回りは、投資額に対する直利（直接利回り）に相当する。

たとえば、バフェットが1979年に購入した時のキャピタル・シティーズの株価は3.80ドルで、当時の1株当たり利益（EPS）は0.46ドルだった。この時の投資額に対する直利を求めると、12.1％（0.46ドル÷3.80ドル＝12.1％）となる。1988年のコカ・コーラの場合は、株価が5.22ドル、EPSが0.36ドルだったから、投資額に対する直利は6.89％（0.36ドル÷5.22ドル＝6.89％）となる。

株式投資の収益率(リターン)は、購入時の株価水準に左右される。これがバフェットとグレアムが到達した結論である。たとえば、バフェットが購入したコカ・コーラの株価が5.22ドルでなく10ドルだったとすると、投資額に対する直利は6.89％ではなく、3.6％という低水準になる。このように、株式投資では、安値で買えば収益率は高く、高値で買えば収益率は低くなるのである。株式投資で高い収益率をめざそうとするなら、可能な限り安く買うことを心がけるべきなのだ。

KEY POINT

●企業の利益に対するバフェットの見方は、ウォール街のプロとは違う。保有する株数に応じて、その利益を自分自身の利益と見なすのだ。たとえば、100株を保有している企業が5ドルの1株当たり利益（EPS）をあげれば、500ドル（5ドル×100株＝500ドル）の利益を得たと考えるのである。
●株価が25ドルで、EPS5ドルの株式を購入する場合、投資

額に対する直利は20％（5ドル÷25ドル＝20％）である。
●**株式投資の収益率は、購入時の株価水準で決まってくる。**

自習問題

1．EPS 10ドルの株を、1株100ドルで購入したとする。投資額に対する直利は何％か。
2．EPSが年平均15％で成長する企業がある。この企業の株を購入した時の益利回りは10％だった。この場合、バフェットなら、初年度の直利が10％で、翌年以降、利子が毎年15％ずつ成長するような疑似債券を購入したものと考える。YesかNoか。

答え（自習問題） 1 10％、2 Yes

第11章
利益成長率から見た企業の実力

☆長短の利益成長率を比べてみよう

　株主価値がどれだけ増えるかは、その企業の経営陣が1株当たり利益（EPS）をどれだけ成長させられるかにかかっている。EPSを成長させるためには、利益の一部を内部留保し、より収益性の高い再投資を実践していかなくてはならない。それを毎年繰り返すことによってEPSは成長し、やがて株価に反映され、株主価値の増加が実現される。

　EPSの成長性を簡単にチェックするには、過去10年間の利益成長率と、過去5年間の利益成長率を計算し、両者を比較してみるのがよいだろう。長期の成長率からは、その企業本来の実力を知ることができ、より短期の成長率からは、その企業の実力から見た現経営陣の能力を知ることができる。

　それでは、いくつか例を用いて具体的な分析方法を紹介しよう。次の表は、新聞業界を代表するガネット社の、1990年以来のEPSの推移を見たものである。

ガネットのEPSの推移	
1990年	1.18ドル
1991年	1.00
1992年	1.20
1993年	1.36
1994年	1.62
1995年	1.71
1996年	1.89
1997年	2.50

1998年	2.86
1999年	3.30
2000年	3.70

　この数字をもとに、ガネットの過去10年間のEPS成長率を計算してみよう。まず、2000年のEPS3.70ドルを、1990年のEPS1.18ドルで割って、2000年のEPSが1990年の何倍になっているかを求める。次に、この値の累乗根（この場合は10年に対応して10乗根）を計算し、そこから1を差し引く。この計算を式で書くと

$$\left(\frac{3.70\text{ドル}}{1.18\text{ドル}}\right)^{\frac{1}{10}} - 1$$

となり、答えは0.121となる。これをパーセント（百分率）で表示したものが、目的のEPS成長率12.1%である。エクセルで計算する場合には「＝(3.70/1.18)^(1/10)－1」という式を数式バーに挿入し、リターンキーを押せばいい。すると、セルには0.121という計算結果が表示されるはずだ。

　次に、より短期の成長率を計算してみよう。計算の仕方は前の例と全く同じである。ただ、1990年のEPSの代わりに1995年のEPS1.71ドルを使い、累乗根を計算する年数は10年ではなくて5年を使う。この計算の答えは16.7%となる。

　この長期と短期の二種類の成長率からだけでも、その企業について様々なことがわかる。たとえばガネットの場合、直近5年間のほうが、10年間よりも高い利益成長を実現している。それに気づけば、「このような変化を引き起こした要因は何か」という疑問がわいてくる。それは自社株買戻しによるのかもしれないし、利益率の高い新規事業への進出かもしれない。あるいは、単に好景気による広告増収のせいかもしれない。

☆直近の利益の落ち込みをどう見るか

　安定した利益成長を続けてきた企業が直近、大幅に利益が落ち込んだり、赤字に転落したりした場合のEPS成長率の計算は、次のようにするとよい。

A：消費者独占型と思われるが、
　直近の利益が落ち込んでいる企業

1989年	0.95（成長率を計算する時の分母）
1990年	1.07ドル
1991年	1.16
1992年	1.28
1993年	1.42
1994年	1.64
1995年	1.60
1996年	1.90
1997年	2.39
1998年	2.43
1999年	2.70（成長率を計算する時の分子）
2000年	0.49（除外）

B：消費者独占型と思われるが、
　直近の利益が赤字の企業

1989年	0.95（成長率を計算する時の分母）
1990年	1.07ドル
1991年	1.16
1992年	1.28
1993年	1.42
1994年	1.64
1995年	1.60
1996年	1.90
1997年	2.39
1998年	2.43
1999年	2.70（成長率を計算する時の分子）
2000年	－1.43（除外）

　AやBのような企業のEPS成長率を計算する場合は、直近の利益の落ち込みをどう見るかが重要なポイントとなる。利益の落ち込みを一時的なものと考えるのであれば、その年を除外して計算すればよい。企業AとBの例では、1990年から2000年までの成長率を計算する代わりに、1989年のEPS0.95ドルと、1999年のEPS2.70ドルを使い、年数を10年として成長率を求める。この場合、計算結果は約11%となる。ただし、この落ち込みの要因が解決可能なもので、企業の存続を脅か

すようなものではないことを確認することが前提である。成長率の計算期間は、データを入手できなければ10年以下でもかまわないが、最低でも7年は欲しい。

自習問題

1．消費者独占型と考える企業を5社選び、次のような表を作り、過去10年間のEPSの安定性と成長性を評価せよ。

過去10年間のEPS（ドル）
1990年		_____	（成長率を計算する時の分母）
1991年	1年目	_____	
1992年	2年目	_____	
1993年	3年目	_____	
1994年	4年目	_____	
1995年	5年目	_____	
1996年	6年目	_____	
1997年	7年目	_____	
1998年	8年目	_____	
1999年	9年目	_____	
2000年	10年目	_____	（成長率を計算する時の分子）

2．問題1で選んだ企業について、過去5年間の成長率を計算せよ。

1 _____
2 _____
3 _____
4 _____
5 _____

KEY POINT

●**株主価値**がどれだけ増えるかは、その企業の経営陣がEPSをどれだけ**成長**させられるかにかかっている。
●**EPSを成長**させるには、毎年、利益の一部を内部留保し、**高収益**につながる再投資を続けなければならない。

●EPSの成長は、やがて株価に反映され、株主価値の増大が実現される。

第12章
国債利回り以下では投資と呼べない

☆国債に対する相対価値とは

　株式であれ債券であれ、投資をするなら何が有利かを知る必要がある。その際、比較の基準となるのが国債の利回りである。バフェットにとっては、国債利回り並みの収益率(リターン)をあげることが投資としての最低限の条件なのだ。では、株式投資の収益率と国債利回りを比較するにはどうすればよいのか。その株式の1株当たり利益（EPS）を国債の利回りで割ってやればよい（これを国債に対する相対価値と呼ぶ）。これは、その株式の益利回りと国債の利回りを比較するのと同じことである。

　具体的に見てみよう。1979年に、バフェットがキャピタル・シティーズ株に投資した時、同社のEPSは0.47ドルで、当時の国債利回りは10％だった。この数字をもとに、同社株の国債に対する相対価値を計算すると、4.70ドル（0.47ドル÷0.10＝4.70ドル）になる。これはどういうことかといえば、1979年にキャピタル・シティーズ株を4.70ドルで購入していれば、投資額に対して国債利回りと同じ10％の直利（＝益利回り）が得られたということである。

　ところで、1979年当時、キャピタル・シティーズの株価は、3.60ドルから4.70ドルの間を動いていた。したがって、この年に同社株を買った投資家の多くは、国債に対する相対価値の4.70ドルよりも低い値段で買うことができたはずだ。つまり、当時の国債利回り10％よりも高い直利が得られたわけである。

さらに、キャピタル・シティーズのEPSは、1970年から1979年にかけて年率20%で成長していた。そこで、次の質問である。利回りが10%に固定された国債に投資するのと、投資初年度の直利が10%以上で、なおかつ利子に相当するEPSが年率20%で成長するキャピタル・シティーズ株に投資するのと、どちらが得だろうか。もちろん、どちらにも投資しないという選択もありうる。しかし、いずれか一方を選ばなければならないとしたら、ほとんどの人がキャピタル・シティーズ株を選ぶだろう。

☆投資を横断的に比較できるメリット

このEPSを国債利回りで割った値のことを、多くの証券アナリストは株式の本質価値と呼んでいるが、それは表現が違うだけで、国債に対する株式の相対価値と意味するところは同じである。また、彼らが企業の将来のキャッシュフローを割り引いて現在価値を計算し、それを企業の本質価値とする場合も、基本的な考え方は同じである。多くのアナリストが使用している割引率は国債の利回りだからである。

もっとも、ここでひとつ問題がある。国債の利回りは税引前の値であるが、株式益利回りの計算に用いられるEPSは税引後の値だということである。したがって、株式の国債に対する相対価値を計算するということは、税引前の値と税引後の値を比較することになり、本当は適切な計算といえないかもしれない。しかし、それでもこの方法には、簡単な計算をするだけで様々な投資を横断的に比較できるというメリットがある。多少の問題点には目をつぶってでも、この方法を利用する価値は十分にあるというものだ。

KEY POINT

●**株式**であれ**債券**であれ、どの**投資**が**有利**か**比較**することが**必要**だ。

●最も安全な投資は国債への投資である。
●国債の利回りを上回ることができないようなら、投資とはいえない。
●国債に対する相対価値で評価することが、「企業のオーナーとしての視点」で投資を考える第一歩だ。

自習問題

1．多様な投資に対する収益率を横断的に比較するのはなぜか。
2．投資収益率を国債の利回りとの比較で評価するのはなぜか。
3．興味ある企業を5つ選んで、国債に対する相対価値を計算し、現在の株価と比較せよ。

第13章
バフェットが高ROE企業を好む理由

なぜバフェットは高ROE企業への投資にこだわるのだろうか。その理由を述べる前に、株式投資に対する彼の考え方をもう少し説明しておきたい。バフェットは消費者独占型企業は安定的に利益をあげることができ、そのような企業の株に投資することは、債券に投資するのと同じようなものだと考える。この場合、企業の株主資本利益率（ROE）は債券の額面に対する利率に相当し、1株当たり利益（EPS）は債券の利子にあたる。たとえば、1株当たり株主資本（BPS）が10ドル、EPSが2.50ドルの株式に投資をする場合、額面に対して25％（2.50ドル÷10ドル＝25％）の利子が得られる「疑似債券」に投資するのと同じことと考えるわけである。

もちろん、企業の利益は、通常の債券の利子と違って固定されたものではない。したがって、債券といっても変動利付債への投資と考えるべきだろう。この場合、利益の増加は利子の増加に、利益の減少は利子の減少に相当し、投資に対する収益率（リターン）は、この「疑似債券」の額面利率、つまりROEの変動に合わせて上下することになる。

☆ROEは富創造の魔法のテコ

なぜバフェットが高ROE企業を好むのかを、投資目的で一戸建て住宅を購入する場合を例にとって説明しよう。まず、企業の株主資本は総資産から総負債を差し引いたものであり、あなたが住宅を購入する場合の自己資金に相当する。たとえば、住宅の購入費が20万ドルだったとして、15万ドルを

銀行ローンで、残りの5万ドルは預金の取り崩しなどでまかなったとしよう。この場合、自己資金は5万ドルである。

一方、購入した住宅の家賃から、ローンに対する利払いと、税金などの費用を差し引いた残りが利益である。かりに家賃による収入が年1万5,000ドルで、維持・管理費や金利、税金などの出費が年1万ドルあるとすると、利益は5,000ドルになる。したがって、5万ドルの自己資金に対して年5,000ドルの利益が得られることになり、この場合のROEは10％（5,000ドル÷5万ドル＝10％）となる。

投資目的で一戸建て住宅を買うのも、企業に投資するのも基本的には同じことである。A社とB社という2つの企業を例に説明しよう。なお、両社の経営者はともに優れた能力を持っており、その力を十分に発揮している。したがって、両社の差は事業の性格の差によるものであり、経営者の差によるものではないと仮定する。

まず、A社は1,000万ドルの資産に対して、負債400万ドル、株主資本600万ドルという資本構成の企業である。また、A社の税引利益は198万ドルであり、ROEは33％（198万ドル÷600万ドル＝33％）である。これをバフェット流に、A社の発行する「疑似債券」の額面利率は33％であるといいかえてもよい。

一方、B社はA社と全く同じ資本構成の企業だが、税引利益は48万ドルにとどまっている。そのため、B社のROEは8％（48万ドル÷600万ドル＝8％）と、A社に比べてかなり見劣りする。資本構成は同じであるにもかかわらず、A社の利益はB社の4倍に達しているわけで、一見してA社のほうが優れていることは明らかだ。

	A社	B社
資　　産	1,000万ドル	1,000万ドル
負　　債	400万	400万
株主資本	600万	600万
税引利益	198万	48万
株主資本利益率(ROE)	33％	8％

投資家としては、A社、B社どちらに投資すべきだろうか。B社では、株主資本を新たに投じても、それに対して8％の利益しか得られない。一方、A社では、追加投資に対して33％の利益が見込めるとすれば、答えは当然A社であろう。

では、ここで、A社とB社を丸ごと買収する場合を考えてみよう。まず、A社を買った投資家はオーナーとして、198万ドルの利益を配当として受け取るか、内部留保として経営陣に再投資を任せるかを決めなければならない。投資家としてはどちらを選ぶべきか。A社の追加投資に対して得られる収益率は33％。問題はこの水準だが、33％の収益率に満足できない投資家は少ないに違いない。したがって、この場合は経営陣に再投資させるべきなのだ。

B社を買った投資家も、オーナーとして48万ドルの利益の処分を決めなければならない。B社の追加投資に対しては8％の収益率しか得られない。この収益率に対する答えは、A社の場合のように単純ではない。そこで問題を次のようにいいかえてみよう。B社を買った投資家は、B社から配当を受け取ってA社に投資するか、そのまま内部留保してB社に再投資するか、どちらを選ぶだろうか。答えはもちろん前者だろう。

以上の説明から、なぜバフェットが高ROE企業への投資を好むのか、その理由の一端を理解いただけたと思う。しかし、高いROEが投資家の富の創造につながるまでには、もう何段階かのプロセスを経ることになる。さらに詳しく見てみよう。

☆売却価値で企業の魅力度をチェック

そこで、投資家がA社もB社も保有していない状態で、A社とB社の現オーナーに対して企業買収を提案したとする。

まず、どんな投資でも最低限、国債の利回りは上回らなければならないという前提を思い出してほしい。国債は政府によって元利支払いを保証された、最も安全な投資対象だから

である。一般に、金利が上がれば株価は下がり、逆に金利が下がれば株価は上がるとされる。それは投資と国債の利回りとの間に、次のような競合関係が存在するからなのだ。たとえば、10％の収益率が期待できる株式への投資は、国債利回りが５％の時には、国債に比べて魅力的である。しかし、国債利回りが12％に上昇すると、10％しか期待できない投資は、その魅力を失うことになる。

したがって、両社のオーナーが投資家の買収提案に応じるか否かは、企業をそのまま保有し続ける場合と、売却して国債に投資する場合ではどちらが有利か、で決まってくる。継続保有しても国債の利回り程度の収益率しか望めないなら、あえてリスクを取って企業に投資し続ける理由はない。それよりも、企業を売却して国債に投資するほうがましだろう。では、国債の利回りを８％として考えてみよう。

Ａ社の利益は198万ドルであるから、同じ額を利息収入で得るためには国債に2,475万ドルを投じる必要がある。この金額がＡ社の企業価値であり、Ａ社のオーナーは2,475万ドルでなら買収に応じるということである。したがって、Ａ社の売却価値は、株主資本の600万ドルの約４倍、利益の198万ドルの12.5倍ということになる。

同様に、Ｂ社の利益は48万ドルだから、同じ額の金利収入を得るためには600万ドルの国債を買う必要がある。Ｂ社の企業価値は600万ドルであり、この金額でなら買収に応じるということである。Ｂ社の売却価値は、株主資本の600万ドルの１倍、利益の48万ドルの12.5倍ということになる。

このように、国債に対する相対価値は、Ａ社が2,475万ドル、Ｂ社が600万ドルとなる。これは、Ａ社を2,475万ドル、Ｂ社を600万ドルでそれぞれ買収した時に、投資初年度に得られる収益率が国債利回りと等しい８％になるということを意味する。

☆重要なのは長期の複利効果

ところで、バフェットはほかの多くの投資家たちと違って、

今来期のような短期の業績動向をあまり重視していない。その企業が今後10年間にどれだけの利益をあげるかということのほうが、はるかに重要な問題だからだ。バフェットにとって投資とは、消費者独占型の企業を選び、あとは長期的な複利の効果に任せるものなのである。このような姿勢は、短期的な視点で右往左往するウォール街とは一線を画すものだ。彼にとっては、その企業が消費者独占型であるかどうか、今後も高いROEを実現していくことがきるかどうかなどが、短期の業績などよりもよほど重要な位置を占めているのである。

では、先のA社とB社について、バフェットならどう評価するだろうか。両社とも国債に対する相対価値で買収する限り、初年度の収益率は同じである。しかし、バフェットは迷わずA社を選ぶ。A社が33%という高いROEを実現しているからだ。

ここで、次の表を見てもらいたい。これは、A社が今後も33%のROEを維持し、また利益をすべて内部留保して再投資した場合の、株主資本と税引利益の推移を予想したものである。

年	株主資本	ROE	税引利益
1年目	6,000,000ドル	33%	1,980,000ドル
2年目	7,980,000	33	2,633,400
3年目	10,613,400	33	3,502,422
4年目	14,115,822	33	4,658,221
5年目	18,774,043	33	6,195,434
6年目	24,960,478	33	8,239,927
7年目	33,209,405	33	10,959,104
8年目	44,168,509	33	14,575,608
9年目	58,744,117	33	19,385,559
10年目	78,129,675	33	25,782,793
11年目	103,912,470	33	34,291,115

一目瞭然、A社の株主資本が毎年33%の複利で成長していく様子がわかるだろう。その仕組みはこうだ。まず最初の年、A社は600万ドルの株主資本に対して33%に当たる198万ドル

の利益をあげ、これをすべて内部留保して再投資する。すると、2年目の株主資本は、元の600万ドルに内部留保によって増加した分を加えて798万ドルとなる。一方、ROEは、元の600万ドルの株主資本に対しても、内部留保によって増加した198万ドルの株主資本に対しても等しく33％であり、2年目の税引利益は263万3,400ドルとなる。これは最初の年の利益198万ドルよりも33％多い。このようなサイクルを毎年繰り返していくことによって、株主資本と利益はともに年33％という高水準で成長していくことになる。

表の計算では、A社の株主資本は11年目の初めに1億391万2,470ドルとなり、この年の税引利益は3,429万1,115ドルとなる。ここで、国債の金利が同じ8％と仮定して、11年目の初めにおける、A社の国債に対する相対価値を計算すると、およそ4億2,800万ドルとなる。したがって、2,475万ドルでA社を買収して、11年目の初めに売却した場合、投資家の収益率は年平均33％になるだろう。これは銀行に寝かせておくのに比べれば、はるかに魅力的な数字である。

一方、ROEが8％にすぎないB社の場合はどうなるだろうか。A社の場合と同じような前提を置いて、B社の株主資本と税引利益の推移を予想したものが次の表である。

年	株主資本	ROE	税引利益
1年目	6,000,000ドル	8％	480,000ドル
2年目	6,480,000	8	520,000
3年目	7,000,000	8	560,000
4年目	7,560,000	8	600,000
5年目	8,160,000	8	650,000
6年目	8,820,000	8	710,000
7年目	9,520,000	8	760,000
8年目	10,280,000	8	820,000
9年目	11,110,000	8	890,000
10年目	11,990,000	8	960,000
11年目	12,950,000	8	1,036,000

この表からB社の株主資本が毎年8％の複利で成長してい

くことがわかる。株主資本と税引利益が成長していく仕組みはＡ社と同じだが、Ｂ社のROEは８％とＡ社に比べてかなり低いため、毎年の利益水準が低くなり、その分だけ株主資本の成長率も低くなるのである。

　Ｂ社の株主資本も税引利益も国債の利回りと同じ８％の複利でしか成長しないのであれば、わざわざリスクを取ってまで投資する必要もないだろう。

☆割高なPERでも買える水準

　ところで、投資家の手元資金が618万7,500ドルに限られているとしたらどうだろうか。Ａ社の発行済株数の25％を取得するか、Ｂ社を丸ごと買収するか、どちらを選ぶべきだろうか。バフェットなら、迷わず前者を選ぶに違いない。

　まず、Ａ社の発行済株数の25％を取得した場合について考えてみよう。その株式を11年目の初めに売却すると、Ａ社全体の売却額の25％に当たる１億700万ドルになる。投資家にとっての収益率は、やはり年平均33％である。

　今後10年間に年平均33％の収益率が期待できるとすれば、Ａ社をその利益の12.5倍に当たる2,475万ドルで買収するのは、安い買い物といえよう。したがって、実際にＡ社を買収しようとすれば、それよりも高い金額になる可能性が大きい。問題は、それがどの程度なら妥当かということである。

　では、Ａ社を利益の30倍に当たる5,940万ドルで買収したとしよう。この場合も、10年後の売却額は、11年目の利益3,429万1,115ドルの12.5倍に当たる４億2,863万8,937ドルだから、投資家の収益率は年平均21.8％となる。

　さらに、利益の40倍の7,920万ドルで買収した場合はどうだろうか。10年後の売却額は同じ４億2,863万8,937ドルだから、投資家の収益率は年平均18.4％となる。2,475万ドルで買収できた時の33％に比べると、かなり低い数字だが、それでも大多数のファンドマネジャーにとって夢のような水準であることに変わりはない。

　ここで、とくに重要なポイントを指摘しておきたい。それ

は、消費者独占力を持ち、継続的に高いROEを維持できる優良企業の場合、株価収益率（PER）から見て割高と思われる株価水準でも、本質価値からすると買い場である状況が、しばしば起こりうるということだ。このような状況は本や理論の中だけのことであり、現実の世界では起こりえないと考えている方もいるだろう。また、市場は効率的であり、いかなる株式も、その本質価値からかけ離れた値段で取引されることはないと反論する人もいるに違いない。

そこで、次の実例を紹介しよう。1988年当時、コカ・コーラは33％前後の高いROEを安定して実現していた。もしこの時点で同社の株式に10万ドルを投資していれば、12年後の2000年に、その価値は110万ドルに達していたはずだ。これは年平均21％の収益率に相当する。さらに、この期間中に得られたはずの配当総額10万80ドルを考慮すると、収益率は年平均22％になる。コカ・コーラのようなローテク企業への投資が、12年間にわたって年平均22％の収益率をもたらしたのである。これは驚くべきことではないか。

バフェットはその当時、コカ・コーラの強力な消費者独占力と高いROEに注目して、同社の株式に5億9,250万ドルを投資した。その後に起こったことは、今や投資の世界の伝説になっており、億万長者誕生の物語である。

KEY POINT

●**株式を一種の「疑似債券」ととらえるバフェットは、EPSを債券の利子と考える。**
●**企業利益は毎年変動するので、バフェットの「疑似債券」は変動利付債と見なすべきだ。**
●**この「疑似債券」では、投資家は利子であるEPSの成長によって利益を得ることができる。それゆえ、EPSが減少する企業はバフェットの投資対象とはならない。**
●**バフェットにとって重要なことは、中長期的な株主資本の成長と、それに伴う利益の成長である。**

自習問題

1. なぜ高いROEが重要なのか。
2. なぜバフェットは低ROE企業に興味を示さないのか。
3. ROEの高さは、投資に対する収益率にどのような影響をもたらすか。
4. BPSが10ドル、EPSが1ドルの企業がある。この企業のROEを計算せよ。

答え（自習問題） 4　10%

第14章
期待収益率の水準で投資を判断する

☆投資を評価するひとつのモノサシ

　バフェットは消費者独占型の企業を絞り込むと、まず、期待収益率を計算する。そして、株価が下落して期待収益率が上昇したところを見計らって、投資を実行する。それはたいていの場合、その企業に悪材料が出た時である。株価が高すぎて期待収益率が低い時は投資を見送り、株価が下がって期待収益率が魅力的な水準になるまで待つのが、バフェット流なのである。

　バフェットは期待収益率の水準によって投資を判断する。本章ではその計算方法を紹介するが、それは絶対的なものではない。あくまで企業を評価する際のひとつのモノサシと考えてほしい。株式の期待収益率を求める方法はいくつかあり、それぞれ視点が少しずつ異なっている。だから、同じ株式の期待収益率を計算しても、その方法が違えばその株式に対する見方が異なる可能性もある。

　もっとも、どの方法をとるにせよ、期待収益率を正しく計算するには、その企業の利益をある程度正確に予想することが前提となる。そして、利益を正確に予想できる企業とは、第9章で述べた通り、強力な消費者独占力を武器に高い収益力を誇る企業にほかならない。

　バフェットは、企業の本質価値を、企業が将来生み出すすべての利益を国債利回りで割り引いた現在価値、と定義している。これはジョン・バー・ウィリアムズの古典『投資価値の理論』(ハーバード大学、1938年)にもとづく考え方だが、

ウィリアムズの定義自体も、ロバート・F・ワイエスが発表した論文『将来価値にもとづく投資』によっている。そこで、ワイエスによる、元々の定義を紹介しておこう。それによると、「株式であるか債券であるかを問わず、証券の適正価値とは、その証券から将来得られるすべての収入を現在の金利で割り引いた現在価値のことである」(バロンズ誌1930年9月8日号、5頁)とされている。ところで、ウィリアムズもワイエスも、株式については、利益ではなく配当の割引現在価値を計算するとしている。この点がバフェットと若干異なっている。利益を配当と内部留保に区別して考えるべきではない、というのがバフェットの考え方なのである。

☆永遠に繁栄する企業などどこにもない

　将来の利益を予想するといっても、100年先まで予想することなど不可能である。もちろん、試みるのは自由だ。しかし、現実にはそんな遠い将来に至る前に、どんな企業でもその存立基盤を揺るがすような構造変化が生じるものだ。たとえば、テレビ放送業界を見てみよう。この業界も1940年代には経済全体から見ればちっぽけな存在にすぎなかった。それが1960年代から1970年代にかけて、誰もが注目する花形産業に躍り出たのである。しかも、この間にチャンネルの集中が進み、最終的にはわずか3つのチャンネルが市場を支配するまでになった。当時、彼らの独占的な地位はもはや何者にも侵しがたいものに見えた。1980年代の初め、バフェットは、「これから10年間、無人島で過ごさなければならず、その前にひとつだけ株式を買えるとしたら、私は迷わずキャピタル・シティーズを選ぶ」と述べた。それほどまでに、テレビ放送業界の将来は盤石に見えたものである。

　しかし、新しいミレニアムに入った今日、バフェットはテレビ放送業界を、かつてのように魅力的な投資対象とは考えていない。何十ものチャンネルが広告を取り合い、しかも業界全体がインターネットと視聴時間を奪い合っているからだ。要するに、永遠に栄え続ける産業などまず存在しないと

いうことだ。

　メディチ、クルップ、ロスチャイルド、ウィンチェスター、ロックフェラー。かつて栄華を極めたこれらの一族とて、永遠の繁栄はかなわなかった。それは歴史が証明している。かつての三大ネットワークが有していたような独占的な力も、技術革新や規制環境の変化によって突然失われることも珍しくない。オリエントとの交易を独占し、500年の長きにわたって栄えたベネチアも、オランダ人船乗りの手でアフリカ南端を経由する航路が開かれるに及んで、その繁栄は終わりを迎えた。物事は移り変わるが、経済の世界では時として同じことが繰り返される。富を求めて未知の大海に乗り出す勇者は後を絶たないし、彼らに栄光が訪れもするのである。

　こうした実例を見ても、50年、100年先までの利益を予想するのは現実的ではない。あまりに多くの変数が関係するうえに、企業の生み出すすべての利益を予想して、それを現在価値に割り引くなどということは、いたずらに不確かさを増幅するだけだ。こうした計算は理論的には可能かもしれないが、現実味はほとんどない。

　こうした計算でまず問題となるのが、利益成長率のおき方である。たとえば、利益成長率を未来永劫一定とおく定率成長モデルでは、計算結果が大きく振れるという欠点がある。そのため、将来を2つの期間に分けて、第1の期間には高い成長率を、第2の期間には低い成長率をあてはめて計算する、二段階成長モデルを用いるアナリストも少なくない。ただし、どちらの方法でも避けられない問題がある。それは、割引率を上回る成長率を想定すると、正しい計算結果が得られないということだ。

　このほかに、割引率の影響もある。たとえば、割引率に国債利回りを用いると、金利の変動に伴って、株式の評価も変化してしまう。つまり、金利が上昇すると評価は低下し、金利が低下すれば評価は上昇する。

☆将来の株価から期待収益率を計算

バフェットの方法はこれとは違う。企業の本質価値を計算するのではなく、将来の株価を予想し、それにもとづく期待収益率を計算するのである。そのためには、今後10年間の1株当たり株主資本（BPS）の予想が必要となる。これは過去のトレンドや、株主資本利益率（ROE）から配当性向を差し引いた値などを成長率として、直近のBPSを将来に延長することによって計算できる。

次に、この10年後のBPSに予想ROEをかけて10年後の1株当たり利益（EPS）を求め、この予想EPSから将来の株価を予想する。こうして、予想株価と現時点の株価が与えられれば、期待収益率を計算することができる。この期待収益率が、同等のリスクを持つほかの投資機会の収益率やインフレ率を上回ることができるかどうかを見て、最終的に投資判断を下すのである。

バークシャー・ハサウェイを例に、いくつか計算を行ってみよう。まず、1986年のBPSは2,073ドル、1964～86年の平均BPS成長率は23.3%である。ここから14年後の2000年のBPSを予想しよう。計算は単純で、まず、BPS成長率の23.3%に1を加えて14乗する。この値を1986年のBPSである2,073ドルに掛けるだけである。この計算を式で書くと$(1+0.233)^{14} \times 2{,}073$ドルとなり、2000年の予想BPSは3万8,911ドルと計算される。これをエクセルで計算する場合には、「＝(1＋0.233)^14＊2073」という式を数式バーに挿入してリターンキーを押すと、セルには38911という計算結果が表示されるはずだ。

ここで、2000年の予想株価を予想BPSに等しい3万8,911ドルであるとすると、1986年時点におけるバークシャーの妥当株価は、いくらになるだろうか。それを求めるには、投資家がバークシャーへの投資に対して求める収益率を割引率として、2000年の予想株価の割引現在価値を計算すればよい。で

は、投資家が求める収益率とはどの程度の水準だろうか。バフェットなら、この種の投資に対して最低でも15％程度の収益率を要求するだろう。そこで割引率を15％として、2000年の予想株価3万8,911ドルを現在価値に割り引くことにしよう。

まず、割引率の15％に1を加えた1.15を14乗する。この値で2000年の予想株価3万8,911ドルを割ってやれば、1986年時点での割引現在価値を計算することができる。この計算を式で書くと

$$\frac{3万8,911ドル}{(1+0.15)^{14}}$$

となり、1986年時点の割引現在価値5,499ドルが得られる。これをエクセルで計算する場合には、「＝38911／(1＋0.15)^14」という式を数式バーに挿入し、リターンキーを押せばよい。すると、セルには5499という計算結果が表示されるはずだ。ところで、この5,499ドルは2000年の予想株価から逆算した1986年の株価である。言いかえると、1986年にバークシャーの株式を5,499ドルで買えば、2000年までの14年間の期待収益率は年率15％になるということだ。

1986年の新聞を見ると、バークシャーの株価は、ここで計算した妥当株価5,499ドルよりはるかに低い、2,700ドル前後で推移していたことがわかる。ということは、1986年当時の実際の株価を用いて計算すれば、期待収益率は先ほどの15％よりもかなり高い数字となっていたはずである。現在の株価を2,700ドル、予想株価を3万8,911ドル、予想期間を14年として同じように年平均収益率を計算してみよう。すると、20.9％という結果が得られるだろう。

さて、現実を振り返ってみよう。1986年から1999年にかけて、バークシャーのBPSは年率約24％の成長を遂げ、1999年には約3万7,000ドルとなった。ここまでは、まず予想通りといってもよいだろう。

しかし、ここからが少し異なっていた。この間に、市場はバークシャーに対する評価を高め、1999年の株価は、高値で

8万1,000ドル、安値で5万ドルという水準にまで上昇したのである。かりにバークシャー株を1986年に2,700ドルで買い、1999年に8万1,000ドルで売ったとすると、この13年間の年平均実現収益率は29.9%になる。これをエクセルで計算する場合には、「＝(81000/2700)^(1/13)－1」という式を数式バーに挿入し、リターンキーを押せばよい。また、安値の5万ドルで売却したとしても年平均収益率は25.2%となり、要求収益率として想定した15%も、さきほど計算した期待収益率の20.9%をも、大きく上回る結果が得られただろう。

☆バークシャーの今後10年間は買いか

では、1999年にバークシャー株を8万1,000ドルで購入した場合、今後10年間の期待収益率はどの程度になるだろうか。

1999年のバークシャーのBPSは約3万7,000ドルで、過去25年間の同社のBPS成長率は年平均約23%だった。これらの数字から、10年後のバークシャーの予想BPSは、29万3,260ドルと計算することができる。

では、2009年の予想BPSが29万3,260ドルとすれば、期待収益率はいくらになるのだろうか。この場合、まず、予想株価を予想BPSと等しい29万3,260ドルとして、これを購入時の株価8万1,000ドルで割る。次いで、その値の10乗根を計算し、そこから1を差し引くと、13.7%という期待収益率が得られる。これは過去の水準に比べると、あまり見栄えのしない数字である。この結果を見る限り、8万1,000ドルという株価水準では、バークシャーといえども、もはや割安な投資対象とはいえないのかもしれない。

もちろん、2009年までに株式市場にブームが訪れ、一時的に株価がBPSを大きく上回る水準まで上昇する可能性がないわけではない。しかし、合理的に期待しうる収益率としては、やはり13.7%を採用すべきだろう。株価は短期的には大きく変動するものだが、結局のところ、企業の長期的な収益力を反映した水準に収斂するものだからだ。

もっとも、バークシャー株を1999年の安値の5万ドルで購

入できるなら、話は別だ。この場合も、2009年の予想株価は予想BPSに等しい29万3,260ドルとすると、今後10年間の年平均期待収益率は19.4％となる。８万1,000ドルで購入した場合の13.7％に比べると、かなり魅力的な数字ではある。

　株式投資の収益率は、購入時の株価しだいで高くもなれば、低くもなる。この単純な原理は、たとえ投資対象がバフェットが経営するバークシャー・ハサウェイであっても、やはり成立するのである。

　また、バークシャーのBPSが23％という高い成長率を維持し続けられないとしたら、どうだろうか。過去のペースをかなり下回る15％に成長が鈍化した場合を考えてみよう。1999年のBPSは約３万7,000ドルだから、それが年平均15％の成長を続けたとすると、2009年にはBPSが14万9,700ドルになる。この場合、1999年の安値の５万ドルで購入したとしても、投資家の手にする年平均収益率は11.6％とかなり低くなる。高値の８万1,000ドルで取得した場合には、わずか6.3％にまで低下してしまう。この程度の収益率しか期待できないとすれば、魅力的な投資対象とはいいがたい。

　もっとも、過去25年間、バークシャーの株価はおおむね株価純資産倍率（PBR）の１～２倍で推移してきたことを勘案すると、期待収益率はもう少し高くなると考えてよいかもしれない。かりに2009年のPBRが上限に近い２倍と予想すれば、当然、年平均収益率は前の計算よりもかなり高くなる。

　もちろん、バークシャーのBPSが年率23％で成長し続けたうえに、2009年には予想BPSの29万3,260ドルに対してPBRは２倍をつけ、株価は58万6,500ドルに上昇すると予想することも可能だ。この時、５万ドルでバークシャー株を取得したとすると、1999年から2009年までの10年間における年平均収益率は約27.9％になる。しかし、これは最高にうまくいっ

（訳者注）ここで、１株当たり利益（EPS）、１株当たり純資産（＝１株当たり株主資本、BPS）、株主資本利益率（ROE）、株価収益率（PER）、株価純資産倍率（PBR）の関係について整理すると、次のようになる。
　　　　（期初の）　BPS×ROE＝EPS
　　　　　　　　　　EPS×PER＝株価
　　　　　　　　　　株価÷BPS＝PBR

た場合のシナリオである。安値の5万ドルで購入することができたうえに、バフェットの類い稀なる経営手腕の下でバークシャーのBPSは23%という高成長率を実現し続け、加えて2009年のPBRは歴史的な高水準にあるというのは、やや楽観的にすぎるというものであろう。

KEY POINT

- 割引率より利益の予想成長率を大きくすると、割引現在価値は計算できない。
- 50年以上の長期にわたって、企業の利益を予想することは不可能だ。
- 企業の利益をある程度予想ができるのは10年程度までである。
- 投資収益率(リターン)は、高値で買えば低く、安値で買えば高くなる。

自習問題
1. 安値で買えば、なぜ投資収益率が高くなるのか。
2. なぜ50年以上の長期の利益予想が不可能なのか。
3. 10年程度の期間なら、ある程度まで利益予想が可能な理由は何か。
4. バークシャー株の将来は高ROEを維持していけるか否かにかかっているが、それはなぜか。

ストーリー問題
1. A社の過去10年間の平均ROEは20%で、利益の100%を内部留保とし再投資を行っている。2000年のA社のBPSを10ドルとして、2010年のBPSとEPSを計算せよ。
2. バークシャーの財務情報にもとづき、2009年の同社の株価を予想せよ。

答え(ストーリー問題) 1. BPS61.92ドル、EPS12.38ドル。 2. 2009年の株価は予想純BPSと同じ29万3,260ドル。

第15章
コカ・コーラ株の期待収益率と実績

　前章では、将来の1株当たり純資産（＝1株当たり株主資本、BPS）を予想し、それにをもとに将来の株価を予想する方法を紹介した。この章では、将来の予想1株当たり利益（EPS）にもとづいて予想株価を求め、期待収益率を計算する方法を紹介しよう。バフェットがとくに好んで投資してきたコカ・コーラを題材に、彼が最初にコカ・コーラ株を購入した時の状況を振り返り、実際の投資判断のプロセスを追ってみたい（なお、ここで扱う同社の財務数字は2000年の株式分割による影響を調整した数字である）。

☆利益やROEは2つの部分に分けて考える

　1988年、バフェットはバークシャー・ハサウェイを通じて、コカ・コーラ株を1億1,338万株取得した。平均取得コストは1株当たり5.22ドルで、投資総額は5億9,254万ドルにのぼった。当時、コカ・コーラのBPSは1.07ドル、EPSは0.36ドルだったから、株主資本利益率（ROE）は33.6%（0.36ドル÷1.07ドル＝33.6%）となる。また、同社は利益の約58%を内部留保し、残りの42%を配当に当てていた。
　ここで、利益の安定した企業の株式を一種の債券として考えるバフェットの投資法に従えば、コカ・コーラ株は額面1.07ドル、利子0.36ドル、額面に対する利率33.6%の疑似債券と見なされる。
　バフェットは、この疑似債券の利子を2つに分けて考える。第1は、利益の58%を占める内部留保に対応する部分で、

0.36ドルのEPSのうち0.21ドルに相当する。バフェットはこの部分を税金の取られない非課税利子と見なしている。第2は、利益の残り42%で、配当に対応する部分である。これは0.36ドルのEPSのうち0.15ドルに相当し、個人所得税や法人税の対象となる課税利子である。

したがって、ROEについても、受け取る側から見て2つの部分に分けて考える必要がある。第1は、内部留保に対応する19.4%（33.6%×58%＝19.4%）であり、翌年には新たな株主資本として付け加わる部分である。そして第2は、配当に対応する14.1%（33.6%×42%＝14.1%）であり、株主に現金として支払われる部分である。

☆コカ・コーラのBPSとEPSの予想

ここで、コカ・コーラがこの後2000年までの12年間、33.6%のROEを維持することができるとする。また、利益の58%は内部留保、残りの42%は配当という配分も変わらないとする。この時、12年後の2000年におけるコカ・コーラのBPSとEPSを予想してみよう。

計算は至ってやさしい。1988年のBPSを毎年、ROEのうち内部留保に対応する19.4%分だけ成長させていけばよいのである。まず、1988年のBPS1.07ドルを19.4%成長させると、1989年の予想BPSは1.27ドル（1.07ドル×1.194＝1.27ドル）となる。これを毎年、繰り返していけばよい。

エクセルを使えば、もっと簡単である。求めるのが10年後の1998年の予想BPSなら、計算式は1.07ドル×1.194^{10}であり、エクセルで計算する場合には、「＝1.07*1.194^10」という式を数式バーに挿入し、リターンキーを押すだけだ。こうして、1998年の予想BPS6.30ドルを求めることができる。

続いて、予想BPSにROEの33.6%を掛けて、予想EPSを計算する。1989年の予想EPSを求めるには、予想BPSの1.27ドルにROEの33.6%を掛ければよく、0.42ドルという計算結果が得られる。同様に、1998年の予想EPSは、予想BPSの6.30ドルに33.6%を掛けて2.11ドルと計算される。

それでは、1988年から2000年までのコカ・コーラのBPSとEPSを予想してみよう。

表A　1988年から2000年にかけての予想表

	BPS	EPS	配当	内部留保
1988年	1.07ドル	0.36ドル	0.15ドル	0.21ドル
1989年	1.27	0.42	0.18	0.25
1990年	1.53	0.51	0.21	0.30
1991年	1.83	0.61	0.26	0.35
1992年	2.18	0.72	0.30	0.42
1993年	2.60	0.87	0.37	0.50
1994年	3.10	1.04	0.44	0.60
1995年	3.70	1.24	0.52	0.72
1996年	4.42	1.48	0.62	0.86
1997年	5.28	1.77	0.75	1.02
1998年	6.30	2.11	0.90	1.22
1999年	7.52	2.53	1.07	1.46
2000年	8.98	3.02	1.27	1.75
合計			7.04	9.66

　予想というものは多くの場合、それが書かれた紙ほどの価値もない。アナリストの大半は1年か、せいぜい2年先までの利益しか予想しようとせず、単に企業の概略を述べるだけで、買い推奨を行っている。しかし、元祖アナリストのグレアムはそうではなかった。彼の考えていたアナリストの役割とは、企業の収益力をチェックし、長期的な利益を予想することだった。

　表Aは、1988年までの数字をもとに、その後12年間の予想を試みたものである。こうした長期予想に首を傾げる向きも多いに違いない。しかし、その企業が消費者独占型で、高いROEを持続することが見込めるなら、かなりの精度で長期的な利益予想が可能なのである。

　表Aによれば、2000年のコカ・コーラの予想EPSは3.02ドルとなる。また、1988年から2000年までの間に、バフェットが受け取る配当の手取予想額は、税引後で6億8,600万ドル（7.04ドル×1億1,338万株 － 税率14％相当の配当課税額 ＝ 6億8,600万ドル）になることがわかる。

ということは、バフェットが投資した5億9,254万ドルは、2000年までの配当ですべて回収できる勘定だ。そうなれば、2000年を迎えた時、バフェットの手元に残るコカ・コーラ株1億1,338万株は、まるまる利益といってもいい。かりに2000年のコカ・コーラのPERが、過去の水準から見て堅めの15倍だとすると、株価は45.30ドル（15×3.02ドル＝45.30ドル）と計算される。この株価を前提にすると、1億1,338万株の価値は、実に51億3,600万ドル（45.30ドル×1億1,338万株＝51億3,600万ドル）に達する。これは文句のつけようのない数字だ。

　ここで、ひとつ気をつけなければならないのは、予想EPSにPERを掛けて予想株価をはじく場合、PERは過去10年間の平均値を用いるべきだということである。最高PERや最低PERを用いたりするのは、予想株価の範囲を想定するという意味では有益である。しかし、過去の最高PERを中心的シナリオとして、株価を予想するのは危険である。PERの低下によって、大きな損失を被る可能性があるからだ。過去10年の最高PERと最低PERの間に大きな開きがある場合は、とくに要注意である。疑わしい時は中道を行くのが最良の道である。

☆予想株価にもとづく期待収益率の計算

　さて、私たちの予想では、2000年におけるコカ・コーラのEPSは3.02ドルである。この予想EPSにもとづいてコカ・コーラの株価を予想してみよう。2000年におけるコカ・コーラのPERを15倍から25倍の間と想定したので、株価の予想範囲は45.30ドル（15×3.02ドル＝45.30ドル）から75.90ドル（25×3.02ドル＝75.50ドル）になる。こうして求めた予想株価と、バフェットの平均取得コスト5.22ドルをもとに、1988年から2000年までの12年間における期待収益率を計算しよう。

　まず、予想株価が45.30ドルの場合、期待収益率を求める計算式は、

$$\left(\frac{45.30ドル}{5.22ドル}\right)^{\frac{1}{12}} - 1$$

であり、19.7%という答えが得られる。これをエクセルで計算するには、「＝(45.30/5.22)^(1/12)−1」という式を数式バーに挿入し、リターンキーを押せばよい。すると、セルには0.197という計算結果が表示されるはずだ。

次に、予想株価が75.50ドルの場合、期待収益率を求める計算式は

$$\left(\frac{75.50ドル}{5.22ドル}\right)^{\frac{1}{12}} - 1$$

であり、24.9%という答えが得られる。これをエクセルで計算するには、「＝(75.50/5.22)^(1/12)−1」という式を数式バーに挿入し、リターンキーを押せばよい。すると、セルには0.249という計算結果が表示されるはずだ。バフェットも、これと同じような計算を行い、同じような結論に達したことだろう。

年	経過年数	株価
1988年		5.22ドル
1989年	1年目	_____
1990年	2年目	_____
1991年	3年目	_____
1992年	4年目	_____
1993年	5年目	_____
1994年	6年目	_____
1995年	7年目	_____
1996年	8年目	_____
1997年	9年目	_____
1998年	10年目	_____
1999年	11年目	_____
2000年	12年目	45.30または75.50

次に、上で求めた期待収益率を、配当や税金を考慮した手取りベースに修正してみよう。

まず、売却時のPERを15倍と想定した場合、売却時の予想株価は45.30ドルとなり、そこから購入価格5.22ドルを引いた40.08ドルが売却益となる。売却益には35%の法人税がかかるため、税引後の手取り売却代金は、法人税14.03ドル（40.08ドル×35%＝14.03ドル）を引いた31.27ドルとなる。また、

第15章　コカ・コーラ株の期待収益率と実績

2000年までに受け取る配当総額は1株当たり7.04ドルだが、これにも14％の税金がかかるため、税引後の手取り配当金は6.05ドルとなる。

したがって、配当と税金を考慮した手取金額は、37.32ドル（31.27ドル＋6.05ドル＝37.32ドル）となる。この手取金額にもとづいて手取りベースの期待収益率を計算するには、

$$\left(\frac{37.32\text{ドル}}{5.22\text{ドル}}\right)^{\frac{1}{12}} - 1$$

という計算を行えばよい。エクセルで「＝(37.32/5.22)^(1/12)－1」という式を数式バーに挿入し、リターンキーを押せば、0.179すなわち17.9％という答えが得られるだろう。

次に、売却時のPERを25倍と想定した場合、売却時の予想株価は75.50ドルとなり、ここから売却時の法人税を控除し、税引後の配当受取額を加えると、税引後の手取金額は56.95ドルとなる。PERが15倍の場合と同様に

$$\left(\frac{56.95\text{ドル}}{5.22\text{ドル}}\right)^{\frac{1}{12}} - 1$$

という計算を行えば、手取りベースの期待収益率は約22％と計算することができる。なお、売却時のPERを15倍を下回る9倍と想定した場合でも、手取りベースの期待収益率は14.7％となり、かなりの水準といえよう。

コカ・コーラ株に対して、このように高い収益率が期待できる秘密は、33.6％という高水準のROEと、58％という内部留保率にある。内部留保された利益は、経営陣の手で事業に再投資され、株主の持分である株主資本はその分だけ増加する。ところが、内部留保によって株主資本が増えた分は、所得税の課税対象とはならないのだ。こうして新たに付け加えられた株主資本は、翌年、また33.6％の利益を生み出すことになる。おかげで株主の富は、税金として外部に漏れ出さない分だけ高い成長を実現できるわけだ。

☆予想株価を上回る好成績

では、私たちが1988年までの実績をもとに作成した、2000

年までの予想を検証してみることにしよう。まず、私たちが予想したEPSと、すでにわかっているEPSの実績値を比較するところから始めよう。

コカ・コーラの予想EPSと実績EPSとの比較

年	予想EPS	実績EPS	誤差	
1989年	0.42ドル	0.42ドル	0%	
1990年	0.51	0.51	0	
1991年	0.61	0.61	0	
1992年	0.72	0.72	0	
1993年	0.87	0.84	−3.5	
1994年	1.04	0.99	−5	
1995年	1.24	1.19	−4	
1996年	1.48	1.4	−5.4	
1997年	1.77	1.63	−7.9	
1998年	2.11	1.43	−32.2	
1999年	2.53	0.98	−61.3	(問題が生じた年)

(注) 誤差は (予想−実績) /予想の比率。

　1989年からの9年間は、予想と実績との誤差は0%から7.9%の範囲に収まっており、悪くはない。しかし、1998年、1999年の両年は予想誤差がかなり大きくなっている。両年の業績悪化は、1988年当時には予見できなかった3つの事件によるものである。ひとつは、アジアに端を発した世界的な景気後退である。コカ・コーラほどの強力な消費者独占力をもってしても、景気循環から完全に逃れることはできない。2つめは、ベルギー工場で発生した製品汚染事故である。この事故によってベルギーとフランスで大量の製品回収を余儀なくされ、ブランドイメージも大きく傷ついた。3つめは、一連のリストラのために多額の費用を計上したことである。リストラは長期的な収益力の向上をめざしたものだったが、足下の利益を大きく圧迫する結果となった。これらの悪材料は単に業績悪化をもたらしたのみならず、株価の下落をも引き起こした。コカ・コーラ株は1999年に70ドルの高値をつけた後、2000年には52ドルまで大きく下落したのである。
　私たちは1988年までの数字にもとづいて、2000年のコカ・

コーラの株価を45ドルから75ドルの間と予想した。この間、コカ・コーラには様々な悪材料も生じたが、それにもかかわらず、私たちの予想はほぼ正しかった。そして、バフェットが1988年に購入した1億1,338万株を2000年の株価で評価すると、その時価は62億3,500万ドルに達したのである。これは税引前で年平均21.6％の収益率になる。利益が予想に届かなかったにもかかわらず、このように高い収益率を実現できたのは、PERが40倍ないし50倍という予想外の高水準に上昇したためである。これは、株式市場がコカ・コーラの長期的な収益力に改めて注目した結果といえよう。

　物事は計画通りというわけにはいかないもので、投資の世界でも常に予想外の事態は起こりうる。しかし、コカ・コーラのように強力な消費者独占力を持つ企業の場合、それはよい方向に予想外であることが多いものである。バフェットの場合、5億9,200万ドルの投資に対して56億ドルもの利益を得たわけで、まさにうれしい誤算であった。

「値下がりした回数よりも値上がりした回数が多ければ、やがては金持ちになれるものだ」というイギリスの金言がある。コカ・コーラといえども、時に動揺することもあるだろう。しかし、その消費者独占力によって、最終的には問題を克服し、株主に利益をもたらしてくれるに違いない。コカ・コーラの経営環境はいずれ好転し、それが株価にも反映されていくだろう。私たちはそう信じている。

KEY POINT

● ある種の企業については、**将来の利益をかなりの精度で予想できる**。そして、その**予想利益にもとづいて、将来の株価の見通しをかなりに正確に立てることができる**。

● **予想利益をもとに株価予想をする場合は、過去10年の平均PERを用いるべきだ**。

● **コカ・コーラの消費者独占力**は、**将来直面するであろう様々な困難を克服するに十分な強さを持っている**。

自習問題

1．コカ・コーラはいくつかの経営上の困難に直面して、大幅な利益の落ち込みを経験したが、それでも2000年には、1988年までの数字にもとづく予想株価を上回った。その理由は何か。
2．株式市場が消費者独占力を高く評価するのはなぜか。

第16章
疑似債券として見た時の株式

　株式投資に対するバフェットの視点はユニークだ。すでに繰り返し紹介しているように、そのポイントは将来にいくほど受け取る利子が増加するクーポン付きの、疑似債券としてとらえる点にある。ところで、このクーポンという代物だが、今日ではほとんど目にする機会がなくなってしまった。かつては、社債の本券には償還金額の横に、1回分の利払い額が印刷されたたくさんの小片が、一枚一枚切り取れるようになって並んでいた。この小片がクーポンである。社債を買った投資家は利払い日を迎えるたびに、クーポンを切り取って発行企業に送り、引き替えに利子を受け取った。この仕組みの下では、社債を発行した企業は社債の保有者を把握する必要はなかった。今日では社債はすべて発行企業に登録されているため、投資家がクーポンを送ったりしなくても、利子分の小切手がきちんと送られてくるのである。

　このクーポンの付いた昔ながらの債券が、バフェットの考える疑似債券なのである。ただ、そのクーポンにはどれも同じ金額が印刷されているわけでない。将来にいけばいくほど大きな金額が印刷されているところがミソなのだ。

☆ROEと内部留保が成長のエンジン

　では具体的にどういうことなのか、コカ・コーラを例に説明しよう。

　1988年にバフェットがコカ・コーラ株を購入した時、同社の1株当たり純資産（BPS）は1.07ドル、1株当たり利益

(EPS)は0.36ドルだった。この2つから株主資本利益率（ROE）を逆算すると、33.6%（0.36ドル÷1.07ドル＝33.6%）となる。この時点で、コカ・コーラ株をBPSと同じ1.07ドルで買うことができれば、この疑似債券に対する直利（利子を購入時の株価で割ったもの）は33.6%（0.36ドル÷1.07ドル＝33.6%）になったはずだ。しかし、現実はそうはならなかった。バフェットが支払ったのは1株当たり1.07ドルではなく、5.22ドルだったからだ。この場合の直利は約6.89%（0.36ドル÷5.22ドル＝6.89%）で、ROEの33.6%に比べるとかなり水準が低い。

ここで思い出してほしい。株式投資から得られる収益率（リターン）は購入時の株価に大きく左右されるということを。それからすると、直利で6.89%という水準は大した数字とは思えない。だが、ここからがバフェットの凄いところだ。コカ・コーラのEPSは成長し続け、それに伴って購入時の株価に対する直利も年々上昇していくと考えたのだ。とても魅力的なアイデアではないか。そこでこれをもう少し詳しく見てみよう。

コカ・コーラ株を評価する上で最も重要な要素は、ROEと内部留保の水準の2つである。バフェットが5.22ドルでコカ・コーラ株を購入した最初の年、同社のEPSは0.36ドルで、バフェットの投資に対する直利は6.89%だった。ところで、この年の終わりまでにコカ・コーラは1株当たり0.36ドルの利益をあげ、その58%にあたる0.21ドル（0.36ドル×58%＝0.21ドル）を内部留保して再投資したのだ（0.36ドルの残りの42%にあたる0.15ドルは配当として支払われた）。

したがって、1989年の初めの時点で、バフェットの1株当たりの総投資は、最初に投じた5.22ドルと、1988年の内部留保0.21ドルの合計である5.43ドルに増えているはずである。

	1988年の初期投資	5.22ドル
＋）	1988年の内部留保	0.21ドル
	1989年初めの総投資	5.43ドル

次に、1989年初めの1株当たり総投資5.43ドルから生みだされる、1989年の利益を予想してみよう。このうち初期投資

の5.22ドルに対する直利は1989年も変わらず6.89％であり、この部分から生じる利益は0.36ドルとなるだろう。一方、コカ・コーラが再投資部分についても従来通り33.6％のROEを維持できるとすれば、1988年の内部留保によって付け加わった0.21ドルの投資からは、新たに0.07ドルの利益が得られるはずだ。したがって、1989年の利益は0.43ドルとなり、1989年初め時点の総投資5.43ドルに対する直利は7.9％となる。

<1989年の利益の計算>

1988年の初期投資に対する利益	5.22ドル×6.89％	= 0.36ドル
＋）1988年の内部留保に対する利益	0.21ドル×33.6％	= 0.07ドル
1989年初めの総投資と同年の利益	5.43ドル	0.43ドル

総投資に対する直利 = 0.43ドル ÷ 5.43ドル = 7.9％

　1990年についても同様の計算を延長することができる。コカ・コーラは1989年も、0.43ドルのEPSのうち58％にあたる約0.25ドルを内部留保し、再投資を行うだろう。したがって、1990年初めにおけるバフェットの総投資は、1988年の初期投資5.22ドルと、1988年の内部留保0.21ドル、1989年の内部留保0.25ドルの合計である5.68ドルとなる。

<1990年初めの投資額の計算>

1988年の初期投資	5.22ドル
＋）1988年と89年の内部留保（0.21＋0.25）	= 0.46ドル
1990年初めの総投資	5.68ドル

　1989年と同様、1990年初めの時点における総投資をもとに、1990年の利益を予想することができる。まず、初期投資の5.22ドルに対する直利は、1990年も6.89％のままだから、利益も0.36ドルのままである。一方、内部留保によって付け加わった部分に対する直利はROEと同じ33.6％となるから、1988年、1989年の2年分の内部留保0.46ドルに対する利益は0.15ドルとなる。したがって、1990年の利益は0.51ドルとなり、1990年初めの時点における総投資に対する直利は8.9％となる。

<1990年の利益の計算>

1988年の初期投資に対する利益	5.22ドル×6.89%	=0.36ドル
+)1988年と89年の内部留保に対する利益	0.46ドル×33.6%	=0.15ドル
1990年初めの総投資と同年の利益	5.68ドル	0.51ドル

総投資に対する直利＝0.51ドル÷5.68ドル＝8.9%

☆初年度の直利が低くても大丈夫

　ここまで計算をしてきて、総投資に対する直利が年々上昇していることに、もうお気づきだろう。しかし、私たちがここで本当に強調しておきたいことは、バフェットが最初に投資した初期投資の部分については、6.89%の直利のままずっと固定されているということである。それにもかかわらず、総投資に対する直利が上昇していくのは、内部留保によって毎年新たに付け加わる部分については、ROEと同じ33.6%の直利が得られるからだ。これは、コカ・コーラの発行する利率6.89%の社債を購入すると、利子の支払いを受けるたびに、利率33.6%の社債を購入できる特典がついてくるようなものである。いいかえれば、利率33.6%の社債を手に入れたければ、まずは、6.89%という低利の社債を購入しなければならないということなのだ。

　一見、高すぎる初期コストのようにも見える。しかし、高い通行料を払って門をくぐれば、その先には桃源郷があるのだ。そこでは時が経つのを待つだけで、利率が年々上昇していくのである。

KEY POINT

●バフェットが買う**株式**は、**将来にいくほどクーポンが大きくなる疑似債券**である。
●**初期投資の部分に対する直利は購入時の株価**しだいだが、**内部留保によって付け加わる部分に対する直利はROEの水**

準次第である。
●初期投資の部分に対する直利が低くても、時間の経過とともに総投資に対する直利はROEに近づいていく。

自習問題

1. バフェットが株式を、将来にいくほどクーポンが大きくなる疑似債券として考えるのはなぜか。
2. バフェットの考える疑似債券で、将来にいくほどクーポンが大きくなるのはなぜか。

第17章
利益成長率から期待収益率を求める

☆EPS成長率から期待収益率を計算する

今度は、1株当たり利益（EPS）の成長率をもとに、株式投資に対する期待収益率の計算の仕方を、キャピタル・シティーズを例にとって紹介しよう。

1970年から1980年にかけて、同社のEPSは非常に安定した成長を続けていた。ここでは1980年に遡り、投資期間を1990年までの10年間として期待収益率を計算してみよう。それには、まず、1970年から1980年までのEPS成長率をもとに、10年後の1990年におけるEPSを予想する。次に、予想EPSから1990年の同社の株価を予想し、これと1980年の株価から、10年間の期待収益率を計算する。

＜10年後の予想EPS＞　1970年から1980年の10年間に、キャピタル・シティーズのEPSは0.08ドルから0.53ドルに成長した。この数字をもとにEPSの成長率を計算すると、年平均約20％となる。この成長率と1980年のEPS0.53ドルをもとに、10年後の1990年のEPSを予想するには、

$$0.53 ドル \times (1 + 0.20)^{10}$$

という計算を行えばよい。エクセルで計算する場合には、「＝0.53＊(1＋0.20)^10」という式を数式バーに挿入し、リターンキーを押してみよう。すると、3.28ドルという答えが得られるだろう。

＜10年後の予想株価＞　1970年から1980年までの間、キャピタル・シティーズのPERは9倍から25倍までの範囲で推移していた。ここでは、その下限にあたる9倍を用いて株価を予想する。これはレーガン大統領並みの保守的な想定といえる。したがって、1990年におけるキャピタル・シティーズの予想株価は、予想EPSの3.28ドルを9倍した29.52ドルとなる。

＜1980年に購入して1990年まで保有した場合の期待収益率＞　1980年のウォールストリート・ジャーナルを見ると、キャピタル・シティーズの株価は年間を通じて5ドル前後で推移していた。そこで、1990年の予想株価29.52ドルと1980年の株価5ドルをもとに、10年間の期待収益率を計算することにしよう。この計算の式は

$$\left(\frac{29.52 \text{ドル}}{5 \text{ドル}}\right)^{\frac{1}{10}} - 1$$

となり、エクセルで計算する場合には、「＝(29.52/5)^(1/10)−1」という式を数式バーに挿入し、リターンキーを押せばよい。すると、年率19.4％という期待収益率が計算できるはずだ。

それでは、この予想にもとづいて、1980年にキャピタル・シティーズ株を5ドルで購入した場合のその後を検証してみよう。まず、10年後の同社のEPSは、実際には2.77ドルとなり、予想した3.28ドルを下回った。これは厳密さを求められる科学の計算ではないので、この程度はよしとしよう。1990年の株価のほうはどうか。実際には38ドルから63ドルの範囲で推移しており、予想した29.52ドルをかなり上回った。ここでは、安値の38ドルで売却したものとして、購入時の株価5ドルと投資期間10年から、実際の投資収益率を計算することにしよう。この計算の式は

$$\left(\frac{38 \text{ドル}}{5 \text{ドル}}\right)^{\frac{1}{10}} - 1$$

となり、エクセルで計算する場合には、「＝(38/5)^(1/10)−1」という式を数式バーに挿入し、リターンキーを押せ

ばよい。すると、22.4％という年平均収益率が計算できるだろう。

22.4％という数字は、1980年までの実績をもとに計算した期待収益率の19.4％を上回るものである。なお、1990年の売却価格が38ドルではなく、高値の63ドルだったとすると、この10年間の投資収益率は年平均28.8％になる。

このように、キャピタル・シティーズの場合、EPSは予想を下回ったものの、PERが予想外に高まったために、実際には、当初予想した期待収益率よりも高い収益率を実現することができた。ちなみに、キャピタル・シティーズ株が5ドルの時に、10万ドル分の投資を行っていたらどうなっただろうか。たとえ年平均22.4％という低いほうの収益率しか実現できなかったとしても、10年後の時価評価額は75万5,000ドルに達しただろう。

☆株価は株主資本の成長を反映する

ところで、バフェット・ウォッチャーやジャーナリストの多くは、バフェットが株式の投資価値を計算して、それをもとに投資判断を行っていると考えているが、それは間違いだ。たとえば、キャピタル・シティーズの投資価値をXドルと計算したうえで、株価がそれを大幅に下回ったら買うというグレアム流のやり方は、バフェットのスタイルとは違う。バフェットは、まず、キャピタル・シティーズ株をXドルで買ったとしたら、現実的に期待しうる今後10年間の収益率はどの程度になるのだろうかと考える。そのうえで、それは他の投資に対する期待収益率と比較してどうなのか、インフレ率を上回ることはできるのかなどということを検討していくのである。

このような視点が、バフェット流と呼ばれるものだ。そして、ひとたび投資を行えば、日々の株価の動きには頓着しない。株価とは長期的には株主資本の成長を反映するものであることを、バフェットは熟知している。自分の投資が長期平均的に達成できる収益率について、おおよその見当がついて

いる以上、日々の株価に煩わされる必要はないのだ。

　一方、グレアム流のやり方では、10ドルの価値がある企業の株を5ドルで買えば、それが10ドルになったら売るということだ。そのためには毎朝、ウォールストリート・ジャーナルに顔を埋めて、株価がどうなっているかを見る羽目に陥ってしまう。それはバフェットの流儀ではないのだ。

KEY POINT

- **消費者独占型企業の場合、過去のEPS成長率をもとに将来の株価を予想することが可能である。**
- **株式の投資価値を計算し、それをもとに投資判断するのはバフェット流ではない。**
- **バフェットは株式を購入する前に、現実的に期待できる今後10年間の収益率がどの程度になるかを考える。**
- **その投資から得られる期待収益率を計算し、他の投資に対する期待収益率と比較して投資判断を行う。**
- **いったん投資を行った後は、日々の株価の動きには頓着しない。**

自習問題

1. なぜバフェットは株式の投資価値を投資判断の基準にしないのか。
2. バフェットが期待収益率を基準に投資判断を行う理由は何か。
3. いったん投資を行った後、なぜバフェットは日々の株価の動きに頓着しないのか。

第18章
自社株買戻しが株主の富を増やす仕組み

　バフェットは株主になると、その企業の取締役会に対して自社株買戻しを行うよう働きかける。自社株買戻しによって企業の発行済株数が減少すると、株主にとっては新たに資金を投じることなく、持ち株比率を上昇させることができるからだ。

　その仕組みを説明しよう。A社の発行済株数が1億株で、そのうち10%をバフェットが保有しているとする。翌年、A社が4,000万株の自社株買戻しを行ったとすると、発行済株数は6,000万株に減少する。すると、A社に対するバフェットの持ち株比率は、新たに株式を買い増ししなくても、10%から16.6%に上昇することになる。これはA社の株主資本が、バフェットの持ち株比率を上昇させるために使われたのに等しい。

　A社が同じ資金を自社株買戻しでなく、配当として支払ったらどうなるだろうか。この場合には、バフェットは配当に対して30%の税金を払わなければならないのだ。その資金でA社の株式を買い増そうとしても、実際には30%目減りしていることになる。それが自社株買戻しの場合には、バフェットは税金を支払うことなく、A社に対する持ち株比率を上昇させることができるのだ。さらに詳しく見てみよう。

☆追加資金なしで持ち株比率を高める

　バークシャー・ハサウェイはかつてワシントン・ポスト株に1,020万ドルの投資を行った。当時、バークシャーが取得

した株数は、ワシントン・ポストの発行済株数の約10%だった。ところが、今日、バークシャーはワシントン・ポストの17.2%の株を保有している。この持ち株比率上昇の背景には、ワシントン・ポストによる自社株買戻しの影響がある。そして、この自社株買戻しを提案したのが、ワシントン・ポスト株の取得後、取締役に就任したバフェット自身であった。現在、ワシントン・ポストの発行済株数は1,040万株であるから、これに株価500ドルをかけた時価総額は約50億2,000万ドルになる。したがって、バークシャーの保有株の時価は約8億6,340万ドル（50億2,000万ドル×17.2%＝8億6,340万ドル）となる。

もしワシントン・ポストが自社株買戻しを行わず、バークシャーの持ち株比率が10%のままだったとすると、バークシャーの保有株の時価は約5億200万ドル（50億2,000万ドル×10%＝5億200万ドル）にとどまっていたはずだ。ワシントン・ポストの自社株買戻しは、バークシャーに3億6,140万ドル（8億6,340万ドル－5億200万ドル＝3億6,140万ドル）の価値をプレゼントしたわけである。

1980年以来、バフェットのポートフォリオに加わったGEICOも、自社株買戻しによって大きな利益を得たケースである。バークシャーは4,570万ドルを投じて、GEICOの発行済株数の33%を取得したが、その後、GEICOの自社株買戻しにより、1995年までにその持ち株比率を約50%にまで高めた。その時点で、GEICOの株式時価総額は約47億ドルだったから、バークシャーの持ち株の時価は23億5,000万ドル（47億ドル×50%＝23億5,000万ドル）だった。もしGEICOが自社株買戻しを行わず、バークシャーの持ち株比率が33%のままだったら、保有株の時価は約15億5,000万ドル（47億ドル×33%＝15億5,000万ドル）にとどまっていたはずだ。GEICOの自社株買戻しは、バークシャーの保有株の価値を8億ドル（23億5,000万ドル－15億5,000万ドル＝8億ドル）あまりも増加させたことになる。

このように、バフェットは、追加資金を投じることなく持ち株比率を高めることができるという自社株買戻しの長所を

理解したうえで、自社株買戻しを行うよう働きかけているのである。市場での買い増しに比べて、遙かに洗練されたやり方ではないか。

☆株主資本を使った自社株買戻しの原理

ところで、本書の第15章で1988年までの実績数字をもとに、翌年以降のコカ・コーラの1株当たり株主資本（BPS）を予想した（141頁表A）。このうち、1989年から1993年にかけての予想BPSを、実績値と比較すると、次のようになる。

	予想BPS	実績BPS
1989年	1.27ドル	1.18ドル
1990年	1.53	1.41
1991年	1.83	1.67
1992年	2.18	1.49
1993年	2.60	1.77

予想と実績値との間には、明らかな違いがある。これほどの差が生じた背景には、この間に行われたコカ・コーラの自社株買戻しの影響がある。1984年から1993年にかけて、コカ・コーラは約58億ドルの自社株買戻しを行った。そのための資金は借入ではなく、株主資本の取り崩しによってまかなわれた。この自社株買戻しの結果、コカ・コーラの発行済株数は、1984年の31億7,400万株から、1993年には約26億400万株へと、5億7,000万株減少した。これは1984年の発行済株数の18％におよぶ大幅な減少だった。

さて、コカ・コーラが1984年からの9年間に自社株買戻しに投じた58億ドルは、工場や機械への設備投資と同じものと考えることもできる。1株当たりにして約1.82ドル（58億ドル÷31億7,400万株＝1.82ドル）の投資を行ったと考えるわけだ。

次に、自社株買戻しによる投資が、どれだけの利益を生み出したかを計算してみよう。1993年のコカ・コーラの税引利益は21億7,600万ドルなので、同年の発行済株数26億400万株

で割った1株当たり利益（EPS）は0.84ドルとなる。ここで、もし1993年の発行済株数が1984年と同じ31億7,400万株のままであれば、EPSは0.68ドル（21億7,600万ドル÷31億7,400万株＝0.68ドル）となっていたはずだ。このEPSの差、0.16ドル（0.84ドル－0.68ドル＝0.16ドル）は、自社株買戻しの結果として生じたものである。

したがって、コカ・コーラは、1984年から1993年にかけて1株当たり1.82ドルを自社株買戻しに投資して、0.16ドルの利益を生み出したと考えることができる。これは、投資した資本に対して約8.8％（0.16ドル÷1.82ドル＝8.8％）の収益率を達成したことに相当する。8.8％という収益率は、大した数字には見えないかもしれない。しかし、0.16ドルのEPSの増加が、株式投資では大きな意味を持つのである。

なぜなら、1993年のコカ・コーラの株価収益率（PER）は約25倍であり、0.16ドルのEPSの増加は、4.00ドルの株価上昇をもたらすからだ。具体的な計算は以下の通りである。

［自社株買戻しを行わなかった場合］
　1993年の株価は次のように計算できる。1993年の税引利益21億7,600万ドルを、同年の発行済株数31億7,400万株で割ると、EPSは0.68ドルとなる。この0.68ドルに25倍のPERを掛けると、株価は17.00ドルとなる。

［自社株買戻しを行った場合］
　1993年の株価は次のように計算できる。まず、1993年の税引利益21億7,600万ドルを、同年の発行済株数26億400万株で割ると、EPSは0.84ドルとなる。この0.84ドルに25倍のPERを掛けると、株価は21.00ドルとなる。

このように、自社株買戻しを行った場合の株価は、行わなかった場合に比べて4.00ドル高くなるのだ。

したがって、コカ・コーラは、1.82ドルの株主資本を自社株買戻しに投資することによって、株価を4.00ドル高めたことになる。ところで、株主資本を使った自社株買戻しは、株主資本と発行済株数の両方を減少させるが、税引利益には影

響を与えない。そのため、株数が減少する分だけEPS（税引利益÷発行済株数＝EPS）が増え、株価の上昇をもたらすのである。同じ大きさのパイを、より少ない人数で切り分ける状況を想像すると理解しやすいだろう。

　また、自社株買戻しは、株主資本の減少を通じて株主資本利益率（ROE）の上昇をももたらす。ROEは税引利益を株主資本で割ったものだから、税引利益の増加や株主資本の減少によって上昇するのである。

　要するに、コカ・コーラは、自社株買戻しに1.82ドルの株主資本を投じ、EPSを0.16ドル増加させ、その結果、4.00ドルの株価上昇を実現したというわけである。これは、株主にとってみれば、投資した資本に対して2倍以上の見返りが得られたことになる。

☆株価上昇につながる効果

　発行済株数の減少は、税引利益が成長し続ける場合にはさらに大きな株価上昇につながる。コカ・コーラの税引利益が、1993年から2003年にかけて年平均15％で成長したとして説明しよう。この時、コカ・コーラの税引利益は、1993年の21億7,600万ドルから2003年には84億300万ドルに増加する。この税引利益をもとに、2003年の発行済株数が1984年の発行済株数31億7,400万株と変わらない場合と、1984年から1993年にかけての自社株買戻しを反映して26億400万株に減少した場合の、2つの場合についてEPSを計算する。そして、この2つのEPSから株価を計算し、自社株買戻しの効果を見てみよう。

［自社株買戻しを行わなかった場合の2003年の株価］
　2003年の税引利益84億300万ドルを31億7,400万株で割ると、EPSは2.65ドルとなる。この2.65ドルに25倍のPERを掛けると、株価は66.25ドル（2.65ドル×25＝66.25ドル）となる。

［自社株買戻しを行った場合の2003年の株価］
　2003年の税引利益84億300万ドルを26億400万株で割ると、EPSは3.23ドルとなる。この3.23ドルに25倍のPERを掛ける

と、株価は80.75ドル（3.23ドル×25＝80.75ドル）となる。

　このように、自社株買戻しをした場合、2003年におけるコカ・コーラの予想株価は、自社株買戻しをしなかった場合に比べて、14.50ドル（80.75ドル－66.25ドル＝14.50ドル）高い水準となる。この株価の差は、コカ・コーラが1984年から1993年にかけて行った自社株買戻しの効果であると考えることができる。したがって、株主にとっては1.82ドルの投資で14.50ドルの株価の上昇が実現できるということであり、これを年平均収益率に換算すると約15％という水準になる。

　ところで、コカ・コーラが自社株買戻しに投じた58億ドルを、配当として支払ったらどうなるだろうか。配当には30％の個人所得税がかかるから、税引後の手取金額は約40億ドル、1株当たりにして1.26ドル（40億ドル÷31億7,400万株＝1.26ドル）に目減りしてしまう。株主はこれで満足するだろうか。私なら、その58億ドルを自社株買戻しに回してもらったほうがよいが、みなさんはどうだろうか。

　バークシャーは1987年から1994年にかけて、コカ・コーラの発行済株数の7.8％相当を取得した。その後、1994年から1999年にかけて、コカ・コーラの発行済株数が25億5,100万株から24億6,000万株へ減少したため、バークシャーはこの間、追加投資を行っていないにもかかわらず、持ち株比率を7.8％から8.13％へと0.33％上昇させることができた。そこで、1999年のコカ・コーラの時価総額1,353億ドルをもとに、バークシャーの持ち株に対する自社株買戻し効果を計算すると、4億4,649万ドル（1,353億ドル×0.33％＝4億4,649万ドル）となる。

　実はこの数字には、1994年から1999年にかけてコカ・コーラのPERが22倍から50倍へと大幅に上昇した影響も含まれている。もちろん、PERの上昇はそれだけでもバフェットにとっては嬉しいことだっただろう。しかし、自社株買戻しのおかげで、それは彼の基準から見ても滅多にない、素晴らしい投資成果をもたらしたのである。

KEY POINT

● 自社株買戻しは、企業のEPSを増加させ、自社株買戻しに応じなかった株主の持ち株比率を上昇させる。
● 自社株買戻しは、パイの大きさはそのままで、切り分ける人数を減らすことに等しい。
● 自社株買戻しは、株価が非常に高い水準の時に行われても、株主にとってはメリットがある。

自習問題

1. 企業が自社株買戻しを行うのはなぜか。
2. 株主が企業に自社株買戻しを求めるのはなぜか。
3. バフェットは、自社株買戻しによってどのような利益を得たか。

ストーリー問題

1. 2000年のＡ社の税引利益が１億5,000万ドル、発行済株数が８億株とすれば、EPSはいくらか。発行済株数が３億株に減少すれば、EPSはいくらになるか。

答え（ストーリー問題） 0.18ドル、0.50ドル

第19章
本業による利益成長か財務操作か

　株式投資にとって長期の利益成長がいかに重要な要素であるかを、繰り返し強調してきた。前の章では、企業が自社株買戻しを行うことによって、1株当たり利益（EPS）の成長率を高められることを説明した。ここでは、EPSの成長が何によってもたらされたのか、その理由を分析することの重要性を指摘したい。EPSの成長は通常、事業の拡大を通じて実現されるものだが、財務的な操作によっても可能だからである。

☆税引利益とEPSの成長率を比べよう

　EPSの成長が、事業の拡大によるものか、財務的な操作によるものなのかを判断するには、税引利益総額の成長率とEPSの成長率とを比較してみればいい。ここで、EPSが、税引利益を発行済株数で割ったものであることを思い出してほしい。

　たとえば、1999年のジレットの税引利益は12億6,500万ドルで、発行済株数は10億9,500万株だった。この時、EPSは1.15ドル（12億6,500万ドル÷10億9,500万株＝1.15ドル）である。ここで、もし発行済株数が8億株に減少すると、EPSは1.58ドルになる。逆に、発行済株数が15億株に増加すれば、EPSは0.84ドルに減少する。すぐわかるように、株数とEPSとの間には単純な反比例の関係が存在するのである。

　前章でも述べたように、企業の経営トップは、自社株買戻しという手段を用いて、株主の富を増加させることが可能な

のだが、残念なことに、同じ道具を使って企業の実態を株主の目から覆い隠すことも可能なのだ。

　たとえば、1990年の税引利益が１億ドル、発行済株数が1,000万株のX社について考えてみよう。この時、X社のEPSは10ドル（１億ドル÷1,000万株＝10ドル）である。ここで、10年後の2000年までに、X社は、税引利益が7,500万ドルに落ち込む一方、自社株買戻しによって発行済株数を500万株に減少させていたとする。そうすると、2000年のX社のEPSは15ドル（7,500万ドル÷500万株＝15ドル）となる。X社の税引利益は１億ドルから7,500万ドルに減少するにもかかわらず、同社のEPSは10ドルから15ドルに増加しているというわけだ。

　確かにEPSだけを見ると、X社は年平均4.13％で成長したように見える。しかし、実態を表す税引利益の成長率は、年平均2.83％のマイナスである。経営陣がこうしたテクニックを弄して表面上の成長を取り繕おうとするのは、実績悪化から株主の目をそらし、自分たちの地位を守らんがためである。

　ところで、企業が投資のために必要な資本を内部留保でまかないきれず、そのために新たな株式を発行することもある。これは発行済株数の増加を、そしてEPSの減少をも意味する。たとえば、税引利益が1,000万ドル、発行済株式数が１億株の企業のEPSは、0.10ドル（1,000万ドル÷１億株＝0.10ドル）である。この企業の発行済株数が１億2,500万株に増えると、EPSは0.08ドル（1,000万ドル÷１億2,500万株＝0.08ドル）に減少する。発行済株数が減少する場合は逆だが、いずれの場合も、税引利益が変化するわけではなく、EPSが変化するだけである。

☆財務操作に騙されるな

　自社株買戻しを利用すれば、税引利益が成長していなくても、EPSを成長させることが可能だ。時には、税引利益は減少しているのにEPSは成長しているという状況さえ、作り出すことができる。したがって、利益の動向を分析する際には、

単にEPSの成長率にとどまらず、税引利益総額の成長率も併せて計算し、両者を比較してみることが大切である。EPSの成長が、税引利益の成長によるものなのか、自社株買戻しによるものなのか、あるいは、その両方の組み合わせによるものなのか、そのチェックが重要だ。

自社株買戻しは、株主の富を増加させる有効な手段ともなれば、利益成長の実態をごまかす手段ともなる。困難に直面した企業が再び成長軌道に戻れるかどうかを決定するのは、その企業の事業基盤の強さであり、消費者独占力である。財務操作に騙されて、それを見誤ってはならない。

KEY POINT

●**自社株買戻しによって、税引利益が成長していなくてもEPSを成長させることが可能である。**
●**自社株買戻しは、税引利益の成長を上回るEPSの成長を可能にする。**
●**自社株買戻しは、業績悪化をごまかすための手段として利用されることがある。**
●**自社株買戻しによって、投資家は追加投資をしなくても持ち株比率を高めることができる。**

自習問題

1．税引利益が減少した企業が、EPSを増加させるために自社株買戻しを行うのはなぜか。
2．企業が新たに株式を発行するのは、どのような場合か。
3．自社株買戻しは、どのような仕組みで株主の富を増大させるのか。

ストーリー問題

1．A社の1990年の税引利益は1,000万ドル、発行済株数は1億株である。EPSはいくらか。2000年のA社の税引利益

が800万ドル、発行済株数が5,000万株になるとしたら、EPSはいくらか。1990年から2000年にかけて、A社の税引利益およびEPSの増減はどうなっているか。

――――――――――――――――――――――――

答え（ストーリー問題） 1990年のEPS0.10ドル、2000年のEPS0.16ドル。税引利益は減少、EPSは増加。

第20章
経営陣の投資能力評価

　企業が利益をあげると、経営陣はそれをどのように使うかを決定しなくてはならない。もっとも、利益のすべてが自由に使えるわけではない。一部は、翌年以降も事業を続けていくための設備更新に当てる必要がある。バフェットはこの部分を「使途決定済み利益」と呼んでいる。

☆経営者の能力不足が隠されている

　ここで、1992年の利益が100万ドルのA社を例に考えてみよう。A社は翌年に主力工場の発電機交換を控えており、そのために40万ドルの資金が必要である。手元資金がなければ資金調達の必要も出てくるが、A社には100万ドルの利益がある。したがって、経営陣は、この100万ドルのうち40万ドルを発電機購入のために手元に残すことになるだろう。
　利益の残り60万ドルの使い道は、経営陣の裁量に任されている。配当として株主に還元するか、新しい事業に投資するかは、トップの判断しだいである。この60万ドルの使い道に、バフェットは常に大きな関心を寄せている。それは企業の株主価値に大きな影響を与えずにはおかないからだ。
　バフェットによれば、経営陣の裁量に任された部分は、株主の利益を最大化するように使わなければならない。また、利益を内部留保として再投資することが許されるのは、株主自らが投資を行うよりも高い収益率(リターン)を実現できる場合だけである。
　かりに、A社の経営陣がその60万ドルを投資して15％の収

益率を実現できるとしよう。この場合、株主が60万ドルを配当として受け取ったとしても、自らの手で、それだけの高収益率を実現するのは困難だろう。したがって、株主は60万ドルを配当として受け取るのではなく、内部留保として再投資されることを望むだろう（この例では、単純化のため税金の影響は無視している）。

逆の場合はどうか。株主が15％の収益率を実現できる時に、A社の再投資に対して5％の収益率しか期待できないとしたら、株主は60万ドルを配当として受け取るほうを選択するだろう。

以上のような考え方自体は、それほど難しいものではない。難しいのは、企業のトップがどれだけ利益を有効活用できているのか、それを評価することである。たとえば、事業基盤の強固な企業では、既存の事業から大きな利益をあげているため、経営陣が投資判断を誤ったとしても、それが見えない可能性がある。皮肉なことに、傑出した企業ほど、経営陣の能力不足が覆い隠されてしまう場合が多いのだ。

インフレが経営能力を見誤らせることもある。インフレが進行していると、数量ベースで見た実質的な売上は伸びていないにもかかわらず、表面上は売上が伸びているという状況が起こりうる。10％の物価上昇は製品価格を10％押し上げ、税引利益も10％増加する。しかし、それは経営能力とは全く関係のない成長である。とくに、事業継続のためにあまり多くの投資を必要としない企業では、インフレが経営陣の能力を実態以上に高く見せる傾向がある。少ない投資で高い利益成長を遂げているかのように見えるからだ。

☆内部留保の有効活用でチェックする

では、経営者がどれだけ利益を有効活用できているかを評価するには、どうすればよいのか。

それには、以下のような指標を計算してみるのが有効だろう。まず一定の期間、1株当たりの内部留保を合計し、その期間中の再投資額を計算する。次いで、その期間の初めと終

わりで、1株当たり利益（EPS）がどれだけ増加したかを求める。そして、EPSの増分を期間中の再投資額で割って、期間中の再投資額に対する増分ベースの株主資本利益率（ROE）を算出するのだ。消費者独占型企業の代表としてジレットを、コモディティ型企業の代表としてＧＭをとりあげて、計算の仕方を説明しよう。

まずジレットの場合。1990年から1999年までの10年間のEPSを合計すると、8.67ドルとなる。同じ期間の1株当たり配当を合計すると、3.11ドルとなる。したがって、この期間中におけるジレットの再投資額は、5.56ドル（8.67ドル－3.11ドル＝5.56ドル）となる。

この間に、ジレットのEPSは1989年の0.34ドルから、1999年には1.15ドルに成長しており、EPSの増分は0.81ドルとなる。したがって、1990年から1999年までの10年間の再投資に対する増分ベースのROEは、14.5％（0.81ドル÷5.56ドル＝14.5％）となる。

次に、ＧＭの場合。10年間のEPSを合計すると、42.96ドルとなる。同期間の1株当たり配当の合計は10.30ドル。したがって、この期間中におけるＧＭの再投資額は、32.66ドル（42.96ドル－10.30ドル＝32.66ドル）となる。

この間に、ＧＭのEPSは1989年の6.33ドルから、1999年には8.50ドルに成長しており、EPSの増分は2.17ドルとなる。したがって、この10年間の再投資に対する増分ベースのROEは、6.6％（2.17ドル÷32.66ドル＝6.6％）となる。

上の2つの計算結果を見れば、たとえ両社の事業内容を全く知らなくても、ジレットのほうがＧＭよりも内部留保を有効活用していることは明らかだろう。その差は、両社の株式に投資した場合の収益率格差にも表れている。

1989年にＧＭ株に10万ドルを投資して、1999年の高値で売却できたとすると、売却益は14万1,025ドルとなり、10年間の収益率は年平均9.1％となる。一方、1989年にジレット株に10万ドルを投資して、1999年の高値で売却できたとすると、売却益は150万ドルとなり、10年間の収益率は年平均32％にも達するのだ。

もちろん、この方法にも問題はある。なかでも注意しなければならないのは、計算に使うEPSが異常値で、企業の実態を表さない場合があるということだ。それでも、この方法を用いるメリットは小さくない。経営陣による内部留保の活用を評価することは、一般に非常な困難を伴う。しかし、この方法を用いれば、簡単な計算をするだけで、おおよその見当をつけることができる。

KEY POINT

●**コモディティ型の企業よりも消費者独占型の企業のほうが、内部留保を再投資した時の効果が大きい。**
●**内部留保を長期にわたって有効活用できる企業ほど、株主に大きな利益をもたらす。**
●**コモディティ型の企業が内部留保を再投資しても、大した利益成長は望めず、株価上昇も大きくは期待できない。**
●**消費者独占型の企業は内部留保を再投資して、大きな利益成長を実現することが可能であり、株価上昇にも大きな期待が持てる。**

自習問題

1．内部留保を活用して株価を高めることができるのは、どういう時か。
2．内部留保が株価上昇につながらない場合も少なくないが、なぜか。
3．内部留保の再投資から高い利益をあげることができるのはどういう企業か。

ストーリー問題

1．キャンデーバー・メーカーのX社は、1990年から2000年末にかけて、1株当たり20ドルの利益をあげ、そのうち8ドルを配当として支払った。同期間のX社の1株当たり内

部留保はいくらか。一方、X社のEPSは1990年の1ドルから、2000年には4ドルに成長した。この期間中におけるEPSの増分と、再投資に対する増分ベースのROEを求めよ。

答え（ストーリー一問題）　内部留保総額12ドル。EPS増分3ドル。再投資ベースのROE25%（3ドル÷12ドル＝25%）

第20章　経営陣の投資能力評価　175

第21章
インターネット時代のアービトラージ戦略

　これが5年ほど前であれば、アービトラージ戦略について紹介したところで、一部の機関投資家の興味を惹くだけで、個人投資家にとっては何の役にも立たなかっただろう。個人投資家の取引手数料は、機関投資家の場合に比べて法外なほど高く、アービトラージ戦略から利益を得るのは困難だったからだ。しかし、インターネットを通じたオンライン取引の登場によって、個人投資家の取引手数料は大幅に低下した。したがって、アービトラージ戦略から利益を得る機会も、機関投資家だけのものではなくなったのである。

　今日では、オンライン取引で株式を売買する場合、手数料が1株当たり1セントに満たないことも珍しくない。アメリカン・エキスプレスが提供するオンライン取引サービスのように、10万ドル以上の残高があれば手数料無料という業者さえ出てきている。大手の機関投資家にとってさえ、手数料無料などということはかつてなかったことだ。手数料がこれほど大きく低下したことにより、アービトラージ戦略は、今や買値と売値のスプレッドが1セントにすぎなくても、利益をあげられるものとなった。これはウォール街の歴史が始まって以来のことだ。

☆バフェットとアービトラージ戦略

　知る人は少ないが、バフェットはアービトラージ戦略の分野でも、その才能を発揮して成功を収めてきた。もっとも、バフェット自身は、アービトラージ戦略という呼び方はせず、

「ワークアウト」といっている。実のところ、バフェットは過去30年以上にわたってアービトラージ戦略や、それに類する取引を積極的に行ってきた。そして、彼自身の推計によれば、これらの投資で平均25％程度の収益率をあげてきたという。これは誰が見ても満足できる水準だろう。

　ところで、アービトラージ戦略とは、企業の合併や部門売却、敵対的買収など、特殊な状況下で発生する、短期的な株価の歪みから利益を得ようとする戦略である。バフェットの投資スタイルは長期的なものだが、その機会が見つからない時には、アービトラージ戦略にも積極的に資金を投じてきた。アービトラージ戦略のほうが、ほかの短期投資よりも大きな利益が得られたからだ。

　バフェット・パートナーシップを立ち上げて間もない頃、バフェットは毎年、資産の40％近くをアービトラージ戦略に投資していた。1962年のような厳しい相場環境を何とか乗り切ることができたのも、そこから得た利益のおかげだった。この年、ダウ工業株指数は7.6％下落したが、バフェット・パートナーシップは13.9％の収益率をあげることができた。実はこの時、アービトラージ戦略以外の投資の利益はマイナスだったのである。アービトラージ戦略からの利益がバフェットを災厄から救い出し、バフェットをめぐる様々な伝説は、そこから始まったのである。

　アービトラージ戦略のことを、かつてグレアムは「スペシャル・シチュエーション」、すなわち「特殊な状況」と呼んでいた。アービトラージ戦略の対象となる「特殊な状況」には数多くの種類があるが、なかでもバフェットのお好みは、グレアムが「事業の現金化」と呼んだものである。事業の一部を売却したり会社を清算したりして、そこから得られた現金を債権者や株主に分配する状況である。

　1988年に、KKRがRJRナビスコに対して総額220億ドルの買収提案を行った際、バフェットは２億8,180万ドルを投じて、RJRナビスコの株式334万2,900株を取得した。また、ゼネラル・ダイナミックスが事業の一部を売却し、その売却代金を株主に分配した際にも、バフェットは同社の株式を購入

している。これらはバフェットによるアービトラージ戦略の代表的な例であり、いずれも「事業の現金化」に当てはまる状況であった。

☆公表案件で年率25％の収益率を狙う

アービトラージ戦略の機会は、公表された1株当たりの現金分配額と、市場で取引されている株価との間に乖離が生じた場合に発生する。たとえば、X社がY社に対して自社株を1株当たり110ドルで売却する場合を考えてみよう。この時、投資家は、売却が発表されてから完了するまでの間に、110ドルよりも低い株価でX社の株式を購入できれば利益が得られる。ここでは、株価が値下がりしたタイミングをとらえ100ドルで購入できたと仮定しよう。すると、投資家の利益は、市場で購入した時の株価100ドルと、Y社の買付価格110ドルとの差額に当たる10ドルとなる。

利益が決まれば、次に問題になるのは投資期間である。株式を購入してから売却が完了して現金を受け取るまでの期間が、長くなればなるほど、年率換算の収益率は小さくなる。

たとえば、X社株を100ドルで購入した投資家が、110ドルの現金を12カ月後に受け取ったとしよう。この時の投資家の利益は10ドルで、年率収益率は10％となる。しかし、ここで何らかの問題が生じて、売却の完了が2年後に延びたとしよう。そうなると、年率収益率は4.9％に低下する。反対に、売却が12カ月後ではなく6カ月後に完了したとすると、年率収益率は21％に上昇する。

このように、アービトラージ戦略では、利益は購入した時点で決定しており、購入から現金受取までの期間しだいで年率収益率が変わってくる。つまり、その期間が短いほど収益率は大きくなり、長いほど収益率は小さくなる。

したがって、アービトラージ戦略のリスクとは、売却完了が予想よりも先に延びることによって、年率収益率が低下することである。最悪の場合には、売却そのものが取りやめになるというリスクも存在する。バフェットといえども、この

ようなリスクを完全に回避することはできない。株主の抵抗や、独占禁止委員会の反対、あるいは税務当局の介入などによって、事態が急変する可能性は常に存在するからだ。

　バフェットはこうしたリスクを少しでも小さくするために、事業の売却が実際に公表された後に投資を行うという方針を守っている。これは賢明なことで、ごく当然のことのように思われるかもしれない。しかし、当然に思われることを行わない愚か者も、世の中には存在する。ウォール街で働く人種たちである。彼らの間では、事業の売却が噂になった銘柄を購入すると、大きな利益が得られる可能性のあることが以前から知られていた。そのため、多くの連中が噂をもとに取引を行っている。確かに噂の段階で投資をすれば、大きな利益を手にするかもしれない。しかし同時に、より大きなリスクを背負うことにもなる。その点を彼らは十分に理解していない。

　数百件におよぶアービトラージを実行してバフェットが到達した結論は、ほぼ確実な年率25％の収益率を狙うほうが、全く手に入らないかもしれない年率100％の収益率を狙うよりも、割のいい賭けだということである。バフェットはウォール街の小鬼たちのように、事業の売却や合併の噂をもとに投資したりはしない。実際に発表されてからしか投資を行わないのが、彼のやり方なのである。

　パートナーシップを通じて投資を行っていた1957年から1969年にかけて、バフェットはアービトラージ戦略を、市場環境に関係なく安定的に利益をあげるための手段と位置づけ積極的に取り組んでいた。そして、株式市場が低迷した時にも、アービトラージ戦略が利益をあげ続けてくれたおかげで、バフェット・パートナーシップは強い競争力を持つことができたのである。

　ところで、株価が下落し続けると、株主や経営陣は危機感を抱くものだ。その結果、事業の売却や、企業買収などのリストラが積極的に検討されることになる。したがって、株式市場が低迷する時には、アービトラージ戦略の機会が自然と増えてくるものである。このことは憶えておいたほうがいい。

☆グレアムの計算式

　バフェットはアービトラージ戦略の手法をグレアムから学んだ。グレアムは『証券分析』の1951年改定版で、メイヤー・H・ウェインステインの『証券のアービトラージ戦略』（ハーパー・ブラザーズ、1931年）の内容をもとにアービトラージ戦略をとりあげ、詳細な考察を行っている。

　同書の中でグレアムは、売却が公表される前にその企業の株を購入すれば、大きな利益が得られると述べている。また、売却が公表された後であっても、売却価格と市場で取引されている株価との間にはしばしば無視できぬ乖離が生じることも紹介している。バフェットが好んで使うアービトラージ戦略とは、主としてこの乖離に注目するものだ。

　この投資手法のために、グレアムは特別な期待収益率の計算式を考案した。バフェットもこの計算式を用いて投資判断を行っている。

　　　　G：売却が実現した場合に予想される利益
　　　　L：売却が実現しなかった場合に予想される損失
　　　　C：売却の実現確率
　　　　Y：売却が実現するまでの予想期間（年）
　　　　P：購入時の株価

$$年率換算した期待収益率 = \frac{C \times G - L \times (100\% - C)}{Y \times P}$$

　この計算式では損失の発生についても考慮されているように、アービトラージ戦略では常に損失発生の可能性に注意を払うべきなのだ。

☆グレアムの計算式の応用例

　1982年2月13日、葉巻メーカーのバイユーク・シガーは、アメリカン・メイジ・プロダクツに全事業を売却する計画

で、すでに司法省の承認も得ていることを発表した。また、事業の売却後に会社を清算し、残った現金1,450万ドル（1株当たり約7.87ドル）を、すべて株主に分配することも併せて発表した。

　発表後まもなく、バフェットは57万2,907ドルを投じて、バイユークの発行済株数の5.71％を取得した。この時の平均取得コストは5.44ドルで、バイユークの清算が予定通り完了すれば、1株当たり7.87ドルの分配予定額との差額が利益となるはずだった。

　ここでグレアムの計算式を用いて、このアービトラージ戦略に対する期待収益率を計算してみよう。まず、この取引から得られる予想利益（G）は、清算完了時に支払われる1株当たりの現金7.87ドルから、購入時の株価（P）5.44ドルを差し引けばよい。したがって、1株当たりの予想利益は2.43ドル（7.87ドル－5.44ドル＝2.43ドル）となる。

　次に、予想利益に実現確率をかけて、リスク調整済みの利益を計算する。この場合、売却はすでに公表されており、司法省の承認も下りていることから、実現確率はかなり高いと思われる。そこで、実現確率（C）は90％とし、予想利益2.43ドルにこれをかけて、リスク調整済みの利益2.18ドル（2.43ドル×0.9＝2.18ドル）を求める。

　取引が成立しなかった場合の損失についても考える必要がある。売却が不成立に終われば、バイユークの株価は売却発表前の水準に下落すると考えられる。そこで、予想損失（L）は、売却発表前の株価4.50ドルから、バフェットの取得コスト5.44ドルを差し引いて、0.94ドル（4.50ドル－5.44ドル＝－0.94ドル）と計算できる。

　予想損失についても、予想利益の場合と同様、それが発生する確率をかけて、リスク調整済みの損失を求める必要がある。損失の発生確率は、売却が実現する確率90％を100％から差し引いた残りの10％となる。したがって、リスク調整済みの損失は0.09ドル（0.94ドル×10％＝0.09ドル）となる。

　最後に、取引が完了するまでの期間（Y）を決めなくてはならない。事業を売却する場合、企業は売却代金を次の決算

日までに分配する必要がある。そうしなければ、企業は売却益に対して税金を支払わなくてはならないからだ。したがって、バイユークのケースでも、売却代金の分配は年内に完了すると想定できる。

＜バイユーク・シガーに対するグレアムの計算式の適用＞

以上から求められた次の数値をグレアムの計算式に当てはめる。

  G = 2.43ドル，売却が実現した場合の予想利益
  L = 0.94ドル，売却が実現しなかった場合の予想損失
  C = 90%，売却の実現確率
  Y = 1年，売却が実現するまでの予想期間（年）
  P = 5.44ドル，購入時の株価

年率換算した期待収益率

$$= \frac{90\% \times 2.43\text{ドル} - 0.94\text{ドル} \times (100\% - 90\%)}{1\text{年} \times 5.44\text{ドル}}$$

$$= 38\%$$

したがって、このアービトラージ戦略に対する期待収益率は年率38％と計算される。短期の投資から得られる収益率としては悪くない水準である。

バフェットは、これまで数多くのアービトラージ戦略に資金を投じてきた。多い時には、20社近い企業の株をアービトラージ目的で保有することもあった。対象になった企業は、RJRナビスコやバイユーク・シガーをはじめ、テキサス・ナショナル・ペトロリアム、アレッジス、リーア・シーグラー・サービス、チェズブロー・ポンズ、クラフト・フーズ、インターコ、フェデレイテッド、サウスランド、マリーン・ミッドランド銀行など、枚挙にいとまがない。もっとも、アービトラージ専門の投資家とは違って、バフェットは常時アービトラージを行っていたわけではない。魅力的な投資機会が見つからない時は、全くポジションを持たないこともあっ

た。

　バフェットの経験によれば、取引が不成立に終わるリスクは、取引日程が公表されているもののみに投資することで、かなり軽減することができる。バフェットはこの原則を守ってきた。そうすれば、あとはその銘柄をいくらで買うかに集中すればよく、問題ははるかに簡単なものになるからだ。

☆個人投資家によるアービトラージ戦略

　アービトラージ戦略に興味のある読者のために、簡単な手順をひとつ紹介しておこう。まず、インターネット上のホームページmergerstat.comを見て、現在予定されている主要なM&Aをチェックする。次に、そのうちのいくつかの企業の株価の動きを追ってみる。そして、市場の株価と売却予定価格との間に乖離が見られたら、その企業に電話をかけ、売却計画が予定通り進行中かどうかを確認する。予定通り進行中なら、グレアムの計算式を使って期待収益率を計算し、投資をするかしないかの判断を下す。簡単すぎるように思えるが、バフェットはこれと同様のやり方で、長年にわたって大きな利益をあげてきたのである。ここで紹介したアービトラージ戦略は、インターネット時代の投資家が身につけておくべき有力な投資手法のひとつだと思う。

　この戦略には大きな利益が得られる可能性があり、個人投資家も現実的な選択肢として真剣に検討すべきである。しかし、次の点には注意してほしい。繰り返すが、バフェットがアービトラージ戦略に資金を投じるのは、事業の売却や企業買収が公表された後のことである。市場の噂をもとにアービトラージ戦略を行うことは、時に大きな利益をもたらす半面、非常に危険な賭けでもある。著名な投資家の中にも、こうした投機的なアービトラージ戦略にのめりこんで、大きな痛手を受けた人が少なくないのだ。

KEY POINT

- バフェット・パートナーシップが、**市場が下落した年にも利益をあげることができた**のは、アービトラージ戦略によるものだ。
- バフェットがアービトラージ戦略のポジションをとるのは、**発表済みの取引**だけである。
- オンライン取引業者の手数料引き下げのおかげで、今日では**個人投資家**でもアービトラージ戦略から利益をあげられるようになった。
- **M&Aの最新情報が掲載されている**mergerstat.comは、アービトラージ戦略にとっての重要な情報源である。

自習問題

1. バフェットのアービトラージ戦略が、公表された取引だけに限られるのはなぜか。
2. 企業清算で現金を受け取ることと、アービトラージ戦略との違いは何か。

ストーリー問題

1. 2001年6月1日、Y社はZ社を、2001年12月31日までに1株当たり25ドルで買収すると発表した。Z社株を2001年6月1日に20ドルで購入し、2001年12月31日にY社に25ドルで売却するとしたら、この投資の期待収益率はいくらになるか。買収が予定通り実現する確率を100%として計算せよ。年率換算の収益率ではいくらになるか。

答え（ストーリー問題）　期待収益率25%、年率換算の収益率50%。

第22章 バフェット流投資のためのワークシート

さて、一通り学科教習が終わったところで、そろそろ実地教習に移ることにしよう。以下の質問リストは、読者のみなさんが興味を持って取り組めるよう、デザインしたつもりである。この質問リストに答えていけば、自然とバフェットの思考プロセスを追っていけるように作られているので、ぜひ活用してほしい。

[パート1] 企業分析

Q1　その企業は消費者独占力を持っているか

「はい」であれば、それが何にもとづいているのか、7歳の子供でもわかるような簡単な言葉で説明せよ。物事を単純に考えるのがバフェット流である。子供にもわかるような説明ができないとすれば、その企業は消費者独占力を持っていないと考えたほうがいいだろう。消費者独占力のあるほかの対象が見つかるまで投資は見送るべきだ。
● あなたが選んだ企業の消費者独占力が、何にもとづくものかを説明せよ。

Q2　その企業の事業内容を理解しているか

その企業が提供している製品やサービスが陳腐化する可能

性は、どの程度あるか。それを判断するためには、それらの製品やサービスを理解していなければならない。バフェットのように長期的な視点で考える投資家にとって、これは現実的な問題である。その企業の事業内容について、きちんと説明できないようなら、投資は見送るべきだ。
● あなたが選んだ企業の事業内容を説明せよ。

Q3　その企業の製品・サービスは20年後も陳腐化していないか

これはバフェット好みの質問である。もし、「はい」であれば、分析を続行する。「いいえ」なら、そこで分析を止めて映画でも見に行くことをお勧めする。翌朝、新たな気分で、別の企業について、Q1からとりかかったほうがいいだろう。
● あなたが選んだ企業の製品・サービスが、20年後も陳腐化していないと考える理由を述べよ。

Q4　その企業はコングロマリットか

もし、「はい」であれば、それが、競争力の乏しいコモディティ型ビジネスに多角化していった結果なのか、消費者独占力のあるほかの企業を傘下におさめていった結果なのかを調べる必要がある。前者が投資対象になるのは、コモディティ型ビジネスの循環的な下降局面で、消費者独占力を持つ事業を含めた全体も過小評価される状況が生じた時だけである。一方、後者であれば、カクテルを片手に本格的な分析にとりかかろう。

コングロマリットを分析する際には、個々のビジネスを消費者独占型とコモディティ型に分けて、リストを作ってみるとよい。その上で、経営陣が消費者独占型のビジネスを手に入れる方向に進んでいるのか、それとも、コモディティ型ビジネスを拡大していく方向に進んでいるのかを確認しなくてはならない。

消費者独占型ビジネス　　　　　＿＿＿
　　　　　　　　　　　　　　　　　　＿＿＿
　　　　　　　　　　　　　　　　　　＿＿＿

　　　コモディティ型ビジネス　　　　＿＿＿
　　　　　　　　　　　　　　　　　　＿＿＿
　　　　　　　　　　　　　　　　　　＿＿＿

Q5　その企業の1株当たり利益(EPS)は安定成長しているか

「はい」であれば、分析を続行する。もし、「いいえ」であれば、利益の落ち込みが一時的なものか、それとも、その水準が定着したり、たえず不規則に変動したりしているのかを判断する必要がある。落ち込みが一時的なものなら、投資を行う絶好の機会となりうる。もし、利益の落ち込みが一時的なものでなければ、分析は止めて、次の候補が現れるまで資金をキープしておくべきだ。

● バリューラインや、インターネット上の情報源から、その企業の過去10年間のEPSの数字を取り、年平均成長率を計算せよ。これを計算するには、

$$\left(\frac{\text{直近のEPS}}{\text{10年前のEPS}}\right)^{\frac{1}{10}} - 1$$

という式を使えばよい。

　　　　　　　過去10年間のEPS
　　　　1.　＿＿＿年　　　　　　（基準時点）
　　　　2.　＿＿＿年　　1年目　＿＿＿
　　　　3.　＿＿＿年　　2年目　＿＿＿
　　　　4.　＿＿＿年　　3年目　＿＿＿
　　　　5.　＿＿＿年　　4年目　＿＿＿
　　　　6.　＿＿＿年　　5年目　＿＿＿
　　　　7.　＿＿＿年　　6年目　＿＿＿
　　　　8.　＿＿＿年　　7年目　＿＿＿
　　　　9.　＿＿＿年　　8年目　＿＿＿

10. ＿＿＿年　　9年目　＿＿＿
11. ＿＿＿年　　10年目　＿＿＿（直近時点）

Q6　その企業は安定的に高い株主資本利益率（ROE）をあげているか

　企業が長期的に高成長を続けるためには、高いROEが欠かせない。速い船には強力なエンジンが必要なのと同じことだ。求められるROEの水準としては15％以上がひとつの目安だろう。その企業のROEが十分な水準に達していなければ、分析はここまでとし、散歩にでも出かけるとよいだろう。
● 過去10年間のROEの推移を調べ、平均ROEを計算せよ。過去10年間のROEを合計して10で割れば、その間の平均ROEを計算することができる。

　　　　過去10年間のROE
　　1．＿＿＿年　＿＿＿
　　2．＿＿＿年　＿＿＿
　　3．＿＿＿年　＿＿＿
　　4．＿＿＿年　＿＿＿
　　5．＿＿＿年　＿＿＿
　　6．＿＿＿年　＿＿＿
　　7．＿＿＿年　＿＿＿
　　8．＿＿＿年　＿＿＿
　　9．＿＿＿年　＿＿＿
　10．＿＿＿年　＿＿＿
　　　平均ROE＝

Q7　その企業は強固な財務基盤を有しているか

　経営上の困難に直面した場合、それを乗り切るためには、強固な財務基盤が必要である。一般に、消費者独占力を持つ企業は利益水準が高く、長期負債は全くないか、あっても極めて少ないものだ。財務力を評価する一般的な指標として、有利子負債を株主資本で割ったデットエクイティ・レシオが

あるが、これはあまり役立たない。企業が株主資本を取り崩して債務を返済することは、滅多にないからだ。企業の利払いや債務返済の能力を判断するうえで、唯一の現実的な指標は収益力である。長期負債を税引利益で返済するとしたら、何年で完済できるかを表す、長期負債/税引利益倍率を目安にすべきだ。

長期負債/税引利益倍率＝今期の長期負債÷今期の税引利益

  今期の長期負債　　　　　　_____
  今期の税引利益　　　　　　_____
  長期負債/税引利益倍率　　　_____ （長期負債を税引
              利益で返済する
              のに必要な年数）

Q8　その企業は自社株買戻しに積極的か

投資した企業が自社株買戻しを行うと、株式を買い増すことなく持ち株比率を高めることができる。バフェットが多くの場合、投資した企業の経営陣に自社株買戻しを促すのは、そのためである。自社株買戻しに関する情報はバリューラインから取ることができる。

● 10年前の発行済株数から、今期の発行済株数を差し引くと、過去10年間にその企業が買戻した株数が計算できる。その値がマイナスであれば、新たに株式を発行したことを意味する。したがって、発行済株数が減少している企業を探すべきである。

   今期の発行済株数　　　　　　_____
   10年前の発行済株数　　　　　_____
   過去10年間に減少した株数　　_____

Q9 その企業の製品・サービス価格の上昇はインフレ率を上回っているか

　この質問に答えるためには、少し調査が必要である。もし、その製品・サービスの価格が20年前とほとんど変わらないとしたら、おそらく、その企業はコモディティ型である。そのような企業は検討対象から除外したほうがいい。もし、その製品・サービスの価格が、過去20年間に平均インフレ率を上回る率で上昇しているとしたら、その企業は製品・サービスの値上げを通すだけの力を持っていると考えていいだろう。
● 過去20年間における製品・サービス価格の年平均上昇率を計算せよ。計算には、

$$\left(\frac{直近の製品・サービス価格}{20年前の製品・サービス価格}\right)^{\frac{1}{20}} - 1$$

という式を使えばよい。この時、もし製品・サービス価格が下落しているようなら、それはコモディティ型のビジネスであり、他の企業を検討したほうがよいだろう。

　　　直近の製品・サービス価格　　　　　　_____
　　　20年前の製品・サービス価格　　　　　_____
　　　製品・サービス価格の年平均上昇率　　_____

[パート2] 株価分析

Q10 その企業の株価は、相場全体の下落や景気後退、一時的な経営問題などのために下落しているか

　もし、「はい」なら、株式を買うには絶好である。むしろ、こうした状況下でなければ、消費者独占力のある企業の株式を割安な水準で買うことは難しいと考えたほうがいい。株式投資で富を築きたいのであれば、個別の悪材料や株式市場の

短期的な動きを利用して利益を得る方法を学ぶべきだ。

Q11　株式の益利回りと利益の予想成長率を計算し、国債利回りと比較せよ

　株式を疑似債券として考えると、今期のEPSを現在の株価で割った益利回りは、投資に対する直利に相当する。また、Q5で計算したEPS成長率は、クーポンの期待成長率と考えることができる。なお、この益利回りとEPS成長率を合計した値は、長期投資の期待収益率のおおよその目安となる。この値が国債利回りを下回っているようなら、その時点で、その企業の株価は割高だと判断できる。

　　　　今期利益にもとづく益利回り　　＿＿＿＿＿
　　　　予想EPS成長率　　　　　　　　＿＿＿＿＿
　　　　国債の利回り　　　　　　　　　＿＿＿＿＿

Q12　株式を疑似債券と考え、期待収益率を計算せよ

　まず、Q6で計算した過去10年の平均ROEから、配当として支払われる部分（ROE×平均配当性向）を差し引いて、株主資本の予想成長率を求める。すなわち、予想成長率＝ROE（1−配当性向）となる。

　次に、株主資本の予想成長率と直近の1株当たり株主資本（BPS）から、10年後の予想BPSを計算する。計算には、

　　　　予想BPS＝直近のBPS×(1＋株主資本の予想成長率)^{10}

という式を使えばよい。10年後の予想BPSが計算できたら、これに平均ROEを掛けて予想EPSを計算する。そして、過去10年間の平均PERを掛けると、10年後の予想株価が求められる。

　最後に、10年後の予想株価と現在の株価から、今後10年間の期待収益率を計算する。計算には、

$$期待収益率 = \left(\frac{10年後の予想株価}{現在の株価}\right)^{\frac{1}{10}} - 1$$

という式を使えばよい。

過去10年間の平均ROE	_____
過去10年間の平均配当性向	_____
株主資本の予想成長率	_____
直近のBPS	_____
10年後の予想BPS	_____
10年後の予想EPS	_____
過去10年間の平均PER	_____
現在の株価	_____
10年後の予想株価	_____
今後10年間の期待収益率	_____

Q13 過去のEPS成長率をもとに計算する手法で、期待収益率を計算せよ

まず、直近のEPSと10年前のEPSをもとに、過去の平均EPS成長率を計算する。計算には、

$$過去の平均EPS成長率 = \left(\frac{直近のEPS}{10年前のEPS}\right)^{\frac{1}{10}} - 1$$

という式を使えばよい。

次に、過去10年間の平均成長率と直近のEPSにもとづいて、10年後の予想EPSを計算する。計算には、

$$予想EPS = 直近のEPS \times (1 + 過去の平均EPS成長率)^{10}$$

という式を使えばよい。この予想EPSに過去10年間の平均PERを掛けると、10年後の予想株価が求められる。

最後に、10年後の予想株価と現在の株価から、今後10年間の期待収益率を計算する。計算には、

$$期待収益率 = \left(\frac{10年後の予想株価}{現在の株価}\right)^{\frac{1}{10}} - 1$$

という式を使えばよい。

直近のEPS	_____
10年前のEPS	_____
EPSの平均成長率	_____
10年後の予想EPS	_____
過去10年間の平均PER	_____

現在の株価　　　　　　　　　　_____
10年後の予想株価　　　　　　　_____
今後10年間の期待収益率　　　　_____

　　　　　今後10年間の予想株価
12. ___年　　　　　　　　　　　（基準時点＝直近時点）
13. ___年　　1年目　　____
14. ___年　　2年目　　____
15. ___年　　3年目　　____
16. ___年　　4年目　　____
17. ___年　　5年目　　____
18. ___年　　6年目　　____
19. ___年　　7年目　　____
20. ___年　　8年目　　____
21. ___年　　9年目　　____
22. ___年　　10年目　　____　（予想対象時点）

投資判断

「生きるべきか死ぬべきか、それが問題だ」とは、ハムレットの台詞(せりふ)だが、投資すべきか、すべきでないかの判断も、同様に難しいものがある。とはいえ、答えは必要だ。そこで、次のような基準を推奨する。

まず、その企業が消費者独占力を持つのでなければ、検討には値しない。気分転換に散歩にでも出かけ、新たな気持ちで次の候補を探すところから始めるといいだろう。

その企業が消費者独占力を持ち、このワークシートで検討した結果、株価も割安と判断できれば、投資すべきだ。しかし、株価が割安と判断できなければ、相場全体の下落や景気後退、あるいは一時的な経営問題によって、株価が魅力的と思える水準に下がるまで、投資は控えるべきである。

第23章
3つのケーススタディ

　以下にとりあげる3つのケースは、本書で紹介してきたバフェットの手法を用いて、バフェット自身の投資判断を検証したものである。ガネット、フレディーマック、それにマクドナルドの3社は、『バフェットロジー』にも登場した企業である。私たちが『バフェットロジー』の初版で紹介したバフェットの手法にもとづく投資判断が、果たして正しかったかどうか、その後の結果をもとに評価できるようになっている（これら3社は、『バフェットロジー』にとりあげられた後、株式分割を行っている。そこで、直近実績にもとづく予想と比較できるように、過去の実績値はすべて株式分割を考慮した数字に修正してある）。なお、質問リストはワークシートの順番通りだが、割愛したものもある。

1. ガネット・コーポレーション（1994年）

　バフェットは新聞事業に思い入れがある。新聞事業との結びつきは古く、少年時代にまで遡ることができる。当時、バフェットは首都ワシントンに住み、ワシントン・ポストの新聞配達をしていた。その後、ワシントン・ポストの大株主になったことは、本書で紹介した通りである。
　新聞事業を柱とする持株会社、ガネット・コーポレーションの株を購入したのは、1994年の夏、広告不況のまっただ中であった。購入株数は1,370万9,000株、投資金額は3億3,521万6,000ドルで、1株当たりの平均取得コストは24.45ドルだった。

[パート1] 企業分析

基礎情報

ガネットに関する基礎情報を収集するのは、さして難しいことではない。おそらく読者の中に、ガネットの発行するUSAトゥデーを知らない人はいないに違いない。アメリカ中のどの新聞売場を見ても、USAトゥデーを置いていない売場はまずないといっていい。同社はアメリカの38の州で、USAトゥデー（発行部数210万部）、デトロイト・ニュース（同31万2,000部）をはじめ、190紙あまりの新聞を発行しているほか、13のラジオ放送局、15の地域テレビ局を所有している。

では、ガネットの概略がわかったところで、ワークシートの個々の質問項目について、解答欄を埋めていくことにしよう（なお、このケーススタディで使用する財務データは、すべてバリューライン・インベストメント・サーベイからとったものである）。

Q1　ガネットは、強力な消費者独占力を持っているか

新聞やラジオ、テレビ放送などの事業は、知っての通り高収益の優良ビジネスである。とくに新聞の場合、その地域で唯一のものであれば、より大きな利益が期待できる。競争相手が存在しないため、より多くの広告料収入が見込めるからだ。ガネットが発行する新聞の多くは、まさにその地域で唯一の新聞であり、理想的な状態といえる。

Q2　ガネットの事業内容を理解しているか

ガネットの事業内容については、個人投資家のほうが機関投資家などより、よほど詳しいのではあるまいか。あなたが出張先の空港で足止めをくって、新聞を読む以外にやること

がないような状況に陥ったとする。その時、あなたが新聞売場で買い求めるのは、地方政治が詳しく載っている地元紙ではなく、全国ニュースが扱われているUSAトゥデーのような全国紙だろう。

Q4　ガネットは、コングロマリットか

　ガネットの年次報告書によれば、同社の事業はその得意分野であるメディア業界に集中していることがわかる。

Q5　ガネットの1株当たり利益(EPS)は、安定して成長しているか

　次の表はガネットのEPSの推移である。この10年間のEPS成長率は年平均8.75％、1989年から1994年にかけての直近5年間のEPS成長率は年平均5.49％である。また、この10年間にEPSが減少したのは、1990年と1991年の2回だけだった。両年とも広告不況の影響がメディア業界全体に及んだ年であり、ガネットも影響を免れることはできなかった。

ガネットのEPSの推移	
1984年	0.70ドル
1985年	0.79
1986年	0.86
1987年	0.99
1988年	1.13
1989年	1.24
1990年	1.18
1991年	1.00
1992年	1.20
1993年	1.36
1994年	1.62

Q6 ガネットは、安定的に高い株主資本利益率（ROE）をあげているか

次の表はガネットのROEの推移である。この11年間の平均ROEを計算すると約20.4%となる。アメリカ企業全体の過去30年間の平均ROEが12%だから、それをかなり上回る水準である。また、ガネットのROEは高水準なだけでなく、非常に安定的に推移している。これは経営陣が、内部留保による再投資分に対しても、高いROEを維持できているということである。

ガネットのROEの推移

1984年	19.6%
1985年	19.9
1986年	19.3
1987年	19.8
1988年	20.4
1989年	19.9
1990年	18.3
1991年	19.6
1992年	21.9
1993年	20.8
1994年	25.5

Q7 ガネットは、強固な財務基盤を有しているか

1994年の株主資本は18億ドル強で、長期負債は7億6,700万ドルだった。無借金でこそないが、1994年の税引利益は4億6,500万ドルであり、長期負債は2年で返済できる水準だった。

Q8 ガネットは、自社株買戻しに積極的か

バリューラインを詳細に見ると、1988年から1994年にかけ

て4,240万株の自社株買戻しを行っていることがわかる。

Q9　ガネットは、インフレの影響を製品・サービス価格に転嫁することができるか

　かつて新聞は5セント硬貨1枚で買えたものだが、今日では50セントないし1ドルが相場だ。もっとも、新聞やテレビ放送局の真の収入源は広告枠の販売である。スーパーマーケットや自動車ディーラー、映画館などの業態は、地元新聞の広告に依存している。かりにその地域にひとつの新聞しかないとしたら、こうした顧客にとってほかの選択肢はないに等しい。したがって、広告料金の値上げもさして難しくないはずである。総合的に見て、ガネットがインフレに対応した値上げを行っても、売上を落とすリスクは小さいと考えられる。

追加Q1　ガネットにおける再投資に対する増分ベースのROEは、十分な水準を達成できているか

　バリューラインによると、1984年から1994年にかけて、ガネットは1株当たり合計5.82ドルの内部留保を行った。この間、EPSは1984年の0.70ドルから1994年の1.62ドルへと、0.92ドル増加した。したがって、この期間中の再投資額5.82ドルに対する増分ベースのROEは、およそ15.8%（0.92ドル÷5.82ドル＝15.8%）と計算できる。

追加Q2　ガネットは、建物や設備の更新に大きな投資を必要とするか

　ガネットは大きな利益をあげているが、競争力維持のために多額の投資を必要とするのであれば、手元には何も残らない。ところで、新聞の輪転機は何年もの間使用に耐えうるし、テレビやラジオの放送施設もごくたまに新しい設備と更新するくらいだ。ガネットの事業は、当初のインフラ整備さえす

めば、設備投資は最小限ですますことのできる種類のものである。そのため、研究開発や設備更新よりも、他の新聞や放送局の買収や自社株買戻しのために利益を使うことができた。

企業分析のまとめ

以上の質問項目に沿って企業分析を行った結果、バフェットの基準から見て、ガネットが投資対象として有望であるという結論が得られた。しかし、企業分析で有望だからといって即、投資の実行を意味するわけではない。投資対象としてどれほど魅力があっても、株価水準が高すぎれば不適格である。投資を行うためには、他の選択肢に比べて同等、もしくはそれ以上の期待収益率が必要であり、次の［パート2］株価分析では、この点を中心に見ていく。

［パート2］株価分析

繰り返しになるが、投資ではまず企業分析を行い、消費者独占力を持つ企業を特定することが大切である。そのうえで、その企業の株価分析を行い、投資の適否を判断することになる。

Q11　株式の益利回りと利益の予想成長率を計算し、国債利回りと比較せよ

1994年のガネットのEPSは1.62ドルで、これを当時の国債利回り約7％で割ると、国債に対する相対価値23.14ドルが計算できる。これは、ガネット株を23.14ドルで購入すれば、国債に投資したのと同じ直利が得られるということである。実際には、1994年のガネットの株価は、23.19ドルから29.50ドルの範囲で推移しており、バフェットの平均取得コストは24.45ドルだった。

このバフェットの平均取得コスト24.45ドルに対する直利

は、EPSが1.62ドルであるから6.6%になる。ところで、ガネットの過去10年のEPS成長率は年平均8.75%である（Q５参照）。したがって、ガネット株は初年度の直利が6.6%で、その後、毎年8.75%ずつクーポンが成長していく疑似債券と見ることができる。投資家にとっては、この疑似債券と、利回り7％に固定されている国債の、どちらに投資すべきかということになる。

Q12　株式を疑似債券と考え、期待収益率を計算せよ

　Ｑ６で計算した、ガネットの過去10年の平均ROEは20.4%である。ここで、このROEの水準が将来も維持でき、かつ利益の内部留保率（＝１－配当性向）が60%に保たれるとすると、株主資本の予想成長率は年率12.24%（20.4%×60%＝12.24%）となる。

　この予想成長率と1994年の１株当たり純資産（BPS）6.52ドルをもとに、10年後の2004年におけるガネットの予想BPSを計算する。この計算の式は

$$6.52 \text{ドル} \times (1 + 0.1224)^{10}$$

となり、エクセルで計算する場合には、「＝6.52＊(1＋0.1224)^10」という式を数式バーに挿入し、リターンキーを押せばよい。すると、20.68ドルという計算結果が得られるだろう。そして、この予想BPSに平均ROEの20.4%を掛けると、2004年の予想EPS4.21ドルが求められる。

　次に、予想EPSと過去10年の上限・下限PERをもとに予想株価の範囲を求める。まず、ガネットの過去10年の下限PERは15倍だから、予想株価の下限値は63.15ドル（4.21ドル×15倍＝63.15ドル）となる。また、上限PERは23倍だから、予想株価の上限値は96.83ドル（4.21ドル×23倍＝96.83ドル）となる。

　こうして求めた予想株価の上限・下限値に、2004年までに予想される配当の合計額11.92ドルを加え、税引前の手取金額を計算する。その結果、手取金額は下限が75.07ドル（63.15

ドル+11.92ドル＝75.07ドル)、上限が108.75ドル (96.83ドル+11.92ドル＝108.75ドル) になると予想される。

　最後に、税引前の予想手取金額と、バフェットの平均取得コスト24.45ドルをもとに、期待収益率の範囲を計算する。まず、手取金額が予想下限の75.07ドルである場合、計算式は

$$\left(\frac{75.07ドル}{24.45ドル}\right)^{\frac{1}{10}} - 1$$

となり、エクセルでは、「＝(75.07/24.45)^(1/10)－1」という式を数式バーに挿入し、リターンキーを押せばよい。すると、11.87％という計算結果が得られるだろう。次に、手取金額が予想上限の108.75ドルである場合、計算式は

$$\left(\frac{108.75ドル}{24.45ドル}\right)^{\frac{1}{10}} - 1$$

となり、エクセルでは、「＝(108.75/24.45)^(1/10)－1」という式を数式バーに挿入し、リターンキーを押せばよい。すると、16.09％という計算結果が得られるだろう。

Q13 過去のEPS成長率を使って計算する手法で、期待収益率を計算せよ

　ガネットのEPSが、過去10年間の成長率と同じ8.75％で今後も成長を続け、配当性向も40％とするなら、1995年から2004年にかけてのEPSと配当は、以下のようになる。

ガネットの予想EPSおよび予想配当

	EPS	配当
1995年	1.76ドル	0.70ドル
1996年	1.91	0.76
1997年	2.08	0.83
1998年	2.26	0.90
1999年	2.46	0.98
2000年	2.67	1.07
2001年	2.91	1.16
2002年	3.16	1.26
2003年	3.44	1.37

2004年	3.74	1.49
配当累計額		10.52

　2004年のガネットの予想EPSは3.74ドルとなり、これに過去10年間の下限PERの15倍を掛けると、予想株価の下限値56.10ドルが得られる。さらに、2004年までの予想配当の合計額10.52ドルを加え、税引前の手取金額の下限を66.62ドル（56.10ドル＋10.52ドル＝66.62ドル）と予想する。

　また、2004年の予想EPS3.74ドルに、過去10年間における上限PERの23倍を掛けると、予想株価の上限値86.02ドルが得られる。これに2004年までの予想配当の合計額10.52ドルを加え、税引前の手取金額の上限を96.54ドル（86.02ドル＋10.52ドル＝96.54ドル）と予想する。

　最後に、税引前の手取金額と、バフェットの平均取得コスト24.45ドルをもとに、期待収益率を計算する。まず、手取金額が予想下限の66.62ドルである場合、計算の式は

$$\left(\frac{66.62\text{ドル}}{24.45\text{ドル}}\right)^{\frac{1}{10}} - 1$$

となり、エクセルでは、「＝(66.62/24.45)^(1/10)－1」という式を数式バーに挿入し、リターンキーを押せばよい。すると、10.54％という計算結果が得られるだろう。次に、手取金額が予想上限の96.54ドルである場合、計算式は

$$\left(\frac{96.54\text{ドル}}{24.45\text{ドル}}\right)^{\frac{1}{10}} - 1$$

となり、エクセルでは、「＝(96.54/24.45)^(1/10)－1」という式を数式バーに挿入し、リターンキーを押せば、14.72％という計算結果が得られるだろう。

株価分析のまとめ

　バフェットが購入したガネット株を疑似債券として見ると、初年度の直利は6.6％、クーポンの成長率は8.75％となる。これをもとに、ガネット株を10年間保有する場合の期待収益率を計算すると、税前ベースで、10.54％（Q13、PER15倍のケース）から16.09％（Q12、PER23倍のケース）の範囲

にあることがわかった。バフェットの投資金額3億3,521万6,000ドルを基準に考えると、10年後の税引前の手取金額が、9億1,322万7,000ドルから14億9,674万5,000ドルまでのどこかに達するということである。

[パート3] 結果評価

　私たちの行った予想がどの程度正しかったのか、1999年までの実績をもとに検証したのが以下の表である。

ガネットの予想EPSと実績EPS

	予想EPS	実績EPS	予想に対する誤差
1995年	1.76ドル	1.71ドル	－2.84％
1996年	1.91	1.89	－1
1997年	2.08	2.50	＋20.2
1998年	2.26	2.86	＋26.5
1999年	2.46	3.30	＋34.1

　ガネットの実績EPSは、5年のうち3年までが予想を上回った。その際の誤差は、予想に対して－2.84％から＋34.1％の範囲だった。この間のEPS成長率は年平均15.29％となり、予想の8.75％を大きく上回った。市場はこの実績を高く評価し、2000年のガネット株は70ドル台にまで上昇した。この時点でバフェットが株を売却したとすると、平均取得コスト24.45ドルにもとづく年平均収益率は、配当を無視しても約19.1％に達したことになる。これは、私たちの最高の予想さえも約3％上回る数字である。
　このように、強力な消費者独占力を持つ企業への投資は、しばしば予想を上回る結果をもたらすものだ。もちろん、バフェットにとって、それが好ましいものであることはいうまでもない。

2. フェデラル・ホーム・ローン・コーポレーション（1992年）

　バフェットはこれまで複数の銀行に投資してきた。ここでとりあげるフェデラル・ホーム・ローン・コーポレーション、一般にはフレディーマックとして知られる企業への投資も、銀行への投資の延長線上に位置づけることができる。フレディーマックは、一般の投資家にはあまり馴染みがないかもしれないが、住宅ローンの保証と証券化を行う企業である。地元の銀行から住宅ローンを借りて住宅を購入した人は、紙切れ一枚の契約書のために、毎月ローンの返済に追われることになる。しかし、地元の銀行はというと、その人たちの返済が完了するまで待ったりなどせず、フレディーマックのような住宅ローン債権買取機関に債権を売却するのが一般的だ。こうして、住宅ローン債権を買い取ったフレディーマックは、多数の住宅ローンをひとまとめにして証券化し、投資家に販売するのである。したがって、毎月返済されるローンは、地元の銀行からフレディーマックを通じて、証券を購入した投資家の手に渡ることになる。このように、証券化された住宅ローンのことを、ウォール街では「モーゲージ・バック証券」と呼ぶ。

　1988年にフレディーマックが公開されると、バフェットは、バークシャー・ハサウェイの子会社ウェスコを通じて、発行済株式数の4％を手に入れた。1992年、バフェットは、フレディーマック株が過去最高水準にあったにもかかわらず、総額3億3,700万ドル、1株当たり9.67ドルを投じて、3,484万4,400株を買い増した。この結果、1992年末時点の持ち株比率は9％に達した。

　ここでとりあげるのは、1992年の買い増しのケースについてである。この時、バフェットは、フレディーマックのどのような点に魅力を感じて投資を行ったのだろうか。

[パート1] 企業分析

基礎情報

　フレディーマックの業務内容を知ることは、先のガネットの場合に比べるとやや難しい。フレディーマック株は知っていても、同社と直接かかわった経験のある人は少ないに違いない。もっとも、フレディーマックに関する情報はバリューラインを見ればわかるし、証券会社からもレポートがたくさん出ている。これらの出版物に目を通し、あとはフレディーマックに電話をして、年次報告書と10K（アメリカの有価証券報告書に相当）を送ってもらうだけで、ワークシートの質問項目に答えていくには十分だろう。

Q1　フレディーマックは、強力な消費者独占力を持っているか

　モーゲージ証券自体は誰にでも組成でき、コモディティ型の商品といえよう。しかし、フレディーマックと、類似の企業であるファニーメイとは、住宅ローン資金を円滑に供給することを目的に米議会が設立した政府認可企業である。したがって、フレディーマックとファニーメイには、この業務における準独占的な地位が与えられている。

Q2　フレディーマックの事業内容を理解しているか

　フレディーマックの事業内容は一見とっつきにくいが、実はそれほど難しいものではない。住宅ローンという市場は巨大であり、将来、それがなくなることも考えにくい。フレディーマックの事業は、一般の人にはとっつきにくいものでも、バフェットには馴染みの深いものだ。したがって、バフェットに限っては、この質問に対する答えは「はい」である。

　バフェットはかつて、薬品株への投資をためらうのは薬品

業界のことを詳しく知らないからだと語っていた。しかし、もしあなたが医師か薬剤師なら、薬品業界は馴染みの深いものであり、事業内容に関する無知を理由に投資をためらうことはないだろう。また、周りにコンピュータに詳しい人がいれば、この分野で強力な消費者独占力を持つ企業はどこか尋ねることもできる。家庭の主婦（あるいは主夫）に聞けば、地元スーパーで売られている商品の膨大な情報が得られるだろう。要するに、その内容が理解できない事業があれば、それを教えてくれる人物を見つければよいのだ。

Q4 フレディーマックは、コングロマリットか

同社の年次報告書によれば、その事業は得意分野のモーゲージ・バック証券に集中していることがわかる。

Q5 フレディーマックの1株当たり利益(EPS)は、安定して成長しているか

次の表はフレディーマックのEPSの推移である。同社のEPSは、非常に安定して成長を続けており、6年間の年平均成長率は17.6%だった。

フレディーマックのEPSの推移	
1986年	0.31ドル
1987年	0.38
1988年	0.48
1989年	0.55
1990年	0.58
1991年	0.77
1992年	0.82

Q6 フレディーマックは、安定的に高い株主資本利益率(ROE)をあげているか

次の表はフレディーマックのROEの推移である。この7

年間の平均ROEを計算すると22.4%となる。これはアメリカ企業全体の過去30年間の平均ROE（12%）をかなり上回る水準である。フレディーマックのROEは、アメリカ企業の平均的なROE水準を一貫して上回っており、内部留保による再投資分についても、高いROEを維持できていると考えられる。

フレディーマックのROEの推移

1986年	25.9%
1987年	25.5
1988年	24.1
1989年	22.8
1990年	19.4
1991年	21.6
1992年	17.4

Q7 フレディーマックは、強固な財務基盤を有しているか

フレディーマックの負債比率は低いとはいえない水準だ。しかし、負債に対応する資産の中心は流動性の高い住宅ローン債権であり、実質的な負債比率はさほど高くない。フレディーマックの財務基盤について最も重要なことは、同社が「政府機関」であり、財務的な困難が生じた場合、議会による支援が期待できるという点である。議会には、納税者という実に大きなスポンサーがついており、多少の困難は容易に克服することができよう。とはいえ、フレディーマックの保有する住宅ローン債権に、大量の債務不履行が発生することにでもなれば、フレディーマックといえども困難に陥ることはありえよう。

Q8 フレディーマックは、自社株買戻しに積極的か

1992年当時、フレディーマックは公開以来、一度も自社株買戻しを行っていなかった。それどころか、企業買収のため

に新たに株式を発行しており、発行済株式数は増加する傾向にあった。なお、ここでの計算に直接関係はないが、フレディーマックは1995年以降、自社株買戻しを開始している。

Q9 フレディーマックは、製品・サービスの価格にインフレを転嫁することができるか

インフレは住宅価格の上昇をもたらし、住宅価格の高騰は住宅ローンの借入金額の増加につながる。住宅ローン借入額の増加は、フレディーマックにとって売上の拡大を意味し、利益増につながる。たとえば、1億ドルの住宅ローンの金利が6％とすると、金利収入は600万ドルになる。ここで住宅価格が2倍になり、住宅ローンも2倍の2億ドルになったとする。この時、金利が6％のままであれば、金利収入は1,200万ドルとなる。このように、インフレは住宅価格の上昇を通じて、フレディーマックの収入を増加させることになると考えられる。

追加 Q1 フレディーマックにおける再投資に対する増分ベースのROEは、十分な水準を達成できているか

1986年から1992年にかけて、フレディーマックは1株当たり合計2.75ドルを内部留保した。この間、EPSは1986年の0.31ドルから1992年の0.82ドルへと、0.51ドル増加している。したがって、この期間中の再投資額2.75ドルに対する増分ベースのROEは約18.5％（0.51ドル÷2.75ドル＝18.5％）となる。

追加 Q2 フレディーマックは、建物や設備の更新に大きな投資を必要とするか

フレディーマックは大きな利益をあげているが、競争力を維持するために多額の投資を必要とするなら、手元には何も残らない。ところが、フレディーマックの事業は住宅ローン

債権を証券化することであり、研究開発や機械設備の購入はほとんど必要ない。また、事業を拡張する際も、建物の増設は最小限ですむ。したがって、建物や設備の更新に大きな投資を必要としないと考えられる。

企業分析のまとめ

以上、バフェットの基準から見て、同社が投資対象として有望であることは明らかである。では次に、フレディーマックが実際の投資対象として適格かどうか、他の選択肢に比べて同等もしくはそれ以上の期待収益率が望めるかどうか、株価分析を試みよう。

[パート2] 株価分析

繰り返しになるが、投資ではまず企業分析を行い、消費者独占力を持つ企業を特定することが大切である。そのうえで株価分析を行い、投資の適否を判断することになる。株式投資の収益率は購入時の株価に左右されるからである。

Q11 株式の益利回りと利益の予想成長率を計算し、国債利回りと比較せよ

1992年のフレディーマックのEPSは0.82ドルで、これを当時の国債利回り約7.39%で割ると、国債に対する相対価値11.09ドルが求められる。同社の実際の株価は9.45ドルから12.32ドルの間にあり、バフェットの平均取得コストは9.67ドルだった。

バフェットの平均取得コスト9.67ドルに対する直利は8.5%（0.82ドル÷9.67ドル＝8.5%）になる。ここでQ5で計算したように、フレディーマックの過去6年のEPS成長率は年平均17.6%だから、フレディーマックの株式は初年度の直利が8.5%で、その後、毎年17.6%ずつクーポンが成長していく疑似債券と見なすことができる。したがって、この疑似債券と、

利回り7％で固定されている国債のどちらに投資をするかということになる。

Q12　株式を疑似債券と考え、期待収益率を計算せよ

Q6で計算した、フレディーマックの過去6年の平均ROEは22.3％である。ここで、このROE水準と、利益に対する内部留保率72％（過去6年の平均値）が将来にわたって維持されるとすると、株主資本の予想成長率は年率16.05％（22.3％×72％＝16.05％）となる。

この予想成長率と1992年の1株当たり純資産（BPS）4.92ドルをもとに、10年後の2002年におけるフレディーマックの予想BPSを計算する。この計算の式は

$$4.92 \text{ドル} \times (1 + 0.1605)^{10}$$

となり、エクセルで計算する場合には、「＝4.92＊(1+0.1605)^10」という式を数式バーに挿入し、リターンキーを押せばよい。すると、21.80ドルという計算結果が得られるだろう。そして、この予想BPSに平均ROEの22.3％を掛けると、2002年の予想EPS4.86ドルが求められる。

次に、予想EPSと過去10年の上限・下限PERにもとづいて、予想株価の範囲を求める。まず、フレディーマックの過去10年の下限PERは9倍だから、予想株価の下限値は43.74ドル（4.86ドル×9倍＝43.74ドル）となる。また、上限PERは12.8倍であり、予想株価の上限値は62.20ドル（4.86ドル×12.8倍＝62.20ドル）となる。

こうして求めた予想株価の上限・下限値に、2002年までに予想される配当の合計額7.61ドルを加え、税引前の手取金額を計算する。その下限は51.35ドル（43.74ドル＋7.61ドル＝51.35ドル）、上限は69.81ドル（62.20ドル＋7.61ドル＝69.81ドル）になると予想される。

最後に、税引前の予想手取金額と、バフェットの平均取得コスト9.67ドルをもとに、期待収益率の範囲を計算する。ま

ず、手取金額が予想下限の51.35ドルである場合、計算式は

$$\left(\frac{51.35 \text{ドル}}{9.67 \text{ドル}}\right)^{\frac{1}{10}} - 1$$

となり、エクセルでは、「＝(51.35/9.67)^(1/10)－1」という式を数式バーに挿入し、リターンキーを押せば、18.17％という計算結果が得られるだろう。次に、手取金額が予想上限の69.81ドルである場合、計算式は

$$\left(\frac{69.81 \text{ドル}}{9.67 \text{ドル}}\right)^{\frac{1}{10}} - 1$$

となり、エクセルでは、「＝(69.81/9.67)^(1/10)－1」という式を数式バーに挿入し、リターンキーを押せばよい。すると、21.85％という計算結果が得られるだろう。

なお、以上の数字をもとに、法人税による影響を考慮した税引後の期待収益率を計算すると、下限が年率14.82％、上限が年率17.92％になる。かりに1992年に10万ドルを投資し、それが毎年17.92％の複利で10年間成長したとすると、10年後の投資残高は51万9,800ドルに達する。

Q13 過去のEPS成長率をもとに計算する手法で、期待収益率を求めよ

フレディーマックのEPSが、過去10年間と同じ17.6％で今後も成長を続け、配当性向が28％で維持されるとすれば、1993年から2002年にかけてのEPSと配当の状況は以下のようになる。

フレディーマックの予想EPSおよび予想配当

	EPS	配当
1993年	0.96ドル	0.27ドル
1994年	1.13	0.31
1995年	1.33	0.37
1996年	1.56	0.43
1997年	1.84	0.51
1998年	2.16	0.60
1999年	2.55	0.71
2000年	2.99	0.83

2001年	3.52	0.98
2002年	4.14	1.16
配当累計額		6.17

　2002年のフレディーマックの予想EPSは4.14ドルとなり、これに過去10年間の下限PERの9倍を掛けると、予想株価の下限値37.26ドルが計算できる。さらに、2002年までの予想配当の合計額6.17ドルを加え、税引前の手取金額の下限を43.43ドル（37.26ドル＋6.17ドル＝43.43ドル）と予想する。

　また、2002年の予想EPS4.14ドルに、過去10年間の上限PERの12.8倍を掛けると、予想株価の上限値52.99ドル（4.14ドル×12.8倍＝52.99ドル）が計算できる。さらに、2002年までの予想配当の合計額6.17ドルを加え、税引前の手取金額の上限を59.16ドル（52.99ドル＋6.17ドル＝59.16ドル）と予想する。

　こうして求めた税引前の手取金額と、バフェットの平均取得コスト9.67ドルをもとに、期待収益率を計算する。まず、手取金額が予想下限の43.43ドルである場合、計算式は

$$\left(\frac{43.43 \text{ドル}}{9.67 \text{ドル}}\right)^{\frac{1}{10}} - 1$$

となり、エクセルでは、「＝(43.43/9.67)^(1/10)－1」という式を数式バーに挿入し、リターンキーを押せばよい。すると、16.2％という計算結果が得られるだろう。次に、手取金額が予想上限の59.16ドルである場合、計算式は

$$\left(\frac{59.16 \text{ドル}}{9.67 \text{ドル}}\right)^{\frac{1}{10}} - 1$$

となり、エクセルでは、「＝(59.16/9.67)^(1/10)－1」という式を数式バーに挿入し、リターンキーを押せばよい。すると、19.8％という計算結果が得られるだろう。

株価分析のまとめ

　1992年、バフェットはフレディーマック株を約3,484万4,400株購入した。投資金額は3億3,700万ドルで、1株当たりの平均取得コストは9.67ドルだった。このフレディーマッ

ク株を疑似債券として見ると、初年度の直利は8.5%、クーポンの成長率は17.6%となる。これをもとにフレディーマック株を10年間保有する場合の期待収益率を計算すると、税引前で16.2%（Q13、PER 9倍のケース）から21.85%（Q12、PER12.8倍のケース）の範囲という結果が得られる。

［パート3］結果評価

　私たちの行った予想がどの程度正しかったのか、1999年までの実績をもとに検証したのが以下の表である。

フレディーマックの予想EPSと実績EPS

	予想EPS	実績EPS	予想に対する誤差
1993年	0.96ドル	1.02ドル	＋6.2%
1994年	1.13	1.27	＋12.3
1995年	1.33	1.42	＋6.7
1996年	1.56	1.65	＋5.7
1997年	1.84	1.90	＋3.2
1998年	2.16	2.13	－1.3
1999年	2.55	2.96	＋16.0

　私たちの予想はどうも少し保守的すぎたようだ。実績EPSは、過去7年のうち6年までが予想を上回る結果となった。もっとも、私たちはウォール街とは違って、長期の利益予想をしているわけで、この程度は大目に見ていただきたい。ところで、1999年のフレディーマックの株価は45.40ドルから65.30ドルの範囲で推移している。この時点でバフェットが同社株を売却したとすると、平均取得コスト9.67ドルにもとづく年平均収益率は、配当を無視しても24.7%から31.3%の範囲に達したことになる。私たちの予想した期待収益率の上限・下限値を、それぞれ8%から10%も上回る数字である。
　このように、消費者独占力を持つ企業への投資はしばしば予想を上回る結果をもたらすものだ。これこそ、バフェットが投資で成功を収めてきた理由なのである。

3. マクドナルド・コーポレーション（1996年）

バフェットは、かなり以前からファストフード業界には強い魅力を感じていた。とりわけ、ハンバーガーのような、ありふれた食品をブランド製品に仕立て上げてしまったマクドナルドに、食指を動かされた。1996年、バークシャー・ハサウェイはマクドナルド株を平均コスト20.97ドルで、6,031万3,200株購入した。ここではバフェットがマクドナルドに惹かれた理由を分析してみたい。

［パート1］企業分析

基礎情報

マクドナルドの製品の特徴を知るのは簡単である。食べてみればよいのだ。

それがすんだら、次は図書館に出かけよう。図書館では、バリューラインでマクドナルドのページを探してコピーを取り、経済雑誌総覧でチェックしてマクドナルドに関する記事を集める。それを持って家に帰り、マクドナルドに電話をして年次報告書を送ってもらうか、マクドナルドのホームページ（www.mcdonalds.com）から最新の財務情報をダウンロードする。こうして情報を集め終えたら、それらに目を通す。これで、マクドナルドについて一通りの知識が得られるはずだ。もっとも、このやり方は4年前のもので、今ではマクドナルドのホームページを見るだけで必要な情報はすべて揃うだろう。

Q1 マクドナルドは、強力な消費者独占力を持っているか

みなさんはマクドナルドのハンバーガーを食べたことがあ

るだろうか。おそらく、食べたことのない人を見つけるほうが難しいのではないだろうか。言うまでもなく、マクドナルドは世界最大のレストランチェーンである。100カ国以上の国々で2万以上の店舗を展開しており、世界中どこに出かけても、マクドナルドの網から逃れることは困難である。実際、マクドナルドが販売してきたハンバーガーの個数は世界の人口よりも多いのだ。これは驚くべきことである。

最初の質問の答えは、当然、「はい」である。マクドナルドの、強力なブランド力に裏打ちされた消費者独占力は、誰の目にも明らかである。

Q4　マクドナルドは、コングロマリットか

マクドナルドの投資は店舗数の拡大にのみ向けられており、その得意分野に集中していることは明らかだ。

Q5　マクドナルドの1株当たり利益（EPS）は、安定して成長しているか

次の表はマクドナルドのEPSの推移である。この10年間に年平均13.5%で成長しており、後半5年間でも年平均13.26%である。非常に安定した成長が続いている。

マクドナルドのEPSの推移

1986年	0.31ドル
1987年	0.36
1988年	0.43
1989年	0.49
1990年	0.55
1991年	0.59
1992年	0.65
1993年	0.73
1994年	0.84
1995年	0.99
1996年	1.11

Q6 マクドナルドは、安定的に高い株主資本利益率（ROE）をあげているか

次の表はマクドナルドのROEの推移である。この10年間の平均ROEは18.25％になる。これはアメリカ企業全体の過去30年間の平均ROE12％を、かなり上回る水準だ。アメリカ企業の平均的なROE水準を一貫して上回っており、内部留保による再投資分についても高いROEを維持できていると考えてよいだろう。

マクドナルドのROEの推移	
1986年	19.1％
1987年	18.8
1988年	18.9
1989年	20.5
1990年	19.2
1991年	17.8
1992年	16.0
1993年	17.3
1994年	17.8
1995年	18.2
1996年	18.0

Q7 マクドナルドは、強固な財務基盤を有しているか

負債と株主資本の合計に占める長期負債の割合は35％である。これは過去の安定した業績から見て、極めて保守的な水準と考えられる。

Q8 マクドナルドは、自社株買戻しに積極的か

この質問に対する答えは、「はい」である。

Q9 マクドナルドは、インフレの影響を製品・サービスの価格に転嫁することができるか

これは誰もが容易に答えられる質問だ。今日、1個当たり約1.20ドルするマクドナルドのハンバーガーが、かつては15セントだったことを憶えているからだ。したがって、答えは「はい」である。マクドナルドに対する需要がインフレの影響を受けることは考えにくいし、コストの上昇を価格に転嫁できない事態も予想しにくい。

追加Q1 マクドナルドにおける再投資に対する増分ベースのROEは、十分な水準を達成しているか

1986年から1996年にかけて、マクドナルドは1株当たり合計5.74ドルを内部留保した。この間、同社のEPSは1986年の0.31ドルから、1996年の1.11ドルへと0.80ドル増加した。したがって、この期間中の再投資額5.74ドルに対する増分ベースのROEは13.9%（0.80ドル÷5.74ドル＝13.9%）となる。

追加Q2 マクドナルドは、建物や設備の更新に大きな投資を必要とするか

マクドナルドのハンバーガー・チェーン事業は、研究開発が必要なものではない。また、店舗の建設費についても、大半のケースではフランチャイズ契約を結んだ相手方の負担となる。

[パート2] 株価分析

Q11 株式の益利回りと利益の予想成長率を計算し、国債利回りと比較せよ

　マクドナルドの1996年のEPSは1.11ドルであり、これを当時の国債利回り約7％で割ると、国債に対する相対価値は15.85ドルとなる。これに対して、実際の株価は20.50ドルから27ドルの範囲にあり、バフェットの平均取得コストは20.97ドルだった。

　バフェットの平均取得コスト20.97ドルに対する直利を求めると、5.29％（1.11ドル÷20.97ドル＝5.29％）になる。マクドナルドの過去10年のEPS成長率は年平均13.6％だから（Q5参照）、マクドナルド株は初年度の直利が5.29％で、その後、毎年13.6％ずつクーポンが成長していく疑似債券と見ることができる。したがって、この疑似債券と、利回り7％に固定されている国債のどちらに投資をするかということになる。

Q12 株式を疑似債券と考え、期待収益率を計算せよ

　マクドナルドの過去10年の平均ROEは18.25％である（Q6参照）。このROE水準と利益に対する内部留保率84％が、将来にわたって維持されるとすると、株主資本の予想成長率は年率15.33％（18.25％×84％＝15.33％）となる。

　この予想成長率と1996年の1株当たり純資産（BPS）6.02ドルをもとに、10年後の2006年におけるマクドナルドの予想BPSを計算する。この計算式は

$$6.02 ドル \times (1 + 0.1533)^{10}$$

となり、エクセルで計算する場合には、「＝6.02＊(1+0.1533)^10」という式を数式バーに挿入し、リターンキーを押せばよい。すると、25.06ドルという計算結果が得られるだろう。そして、この予想BPSに平均ROEの18.25％を掛けると、2006年の予想EPS4.57ドルが求められる。

次に、予想EPSと過去10年の平均PER16.7倍をもとに、予想株価を計算すると76.31ドル（4.57ドル×16.7倍＝76.31ドル）となる。さらに、この予想株価に、2006年までに予想される配当の合計額3.75ドルを加えると、税引前の予想手取金額80.06ドルが求められる。

最後に、税引前の予想手取金額と、バフェットの平均取得コスト20.97ドルをもとに、期待収益率を計算する。計算式は

$$\left(\frac{80.06 \text{ドル}}{20.97 \text{ドル}}\right)^{\frac{1}{10}} - 1$$

となり、エクセルでは、「＝(80.06/20.97)^(1/10)－1」という式を数式バーに挿入し、リターンキーを押せばよい。すると、14.3％という計算結果が得られるだろう。

Q13 過去のEPS成長率をもとに計算する手法で、期待収益率を求めよ

マクドナルドのEPSが、過去10年間の成長率と同じ13.6％で今後も成長を続け、配当性向が16％で維持されるとすれば、1997年から2006年にかけてのEPSと配当の状況は以下のようになる。

マクドナルドの予想EPSおよび予想配当

	EPS	配当
1997年	1.26ドル	0.20ドル
1998年	1.43	0.22
1999年	1.62	0.26
2000年	1.84	0.29
2001年	2.09	0.33
2002年	2.38	0.38
2003年	2.71	0.43

2004年	3.07	0.49
2005年	3.49	0.55
2006年	3.97	0.63
配当累計額		3.78

　マクドナルドの2006年の予想EPSは3.97ドルとなり、これに過去10年間の平均PERの16.7倍を掛けると、2006年の予想株価は66.29ドルとなる。さらに、2006年までの予想配当の合計額3.78ドルを加え、税引前の手取金額を70.07ドルと予想する。

　最後に、税引前の手取金額とバフェットの平均取得コスト20.97ドルをもとに、期待収益率を計算する。計算式は

$$\left(\frac{70.07 \text{ドル}}{20.97 \text{ドル}}\right)^{\frac{1}{10}} - 1$$

となり、エクセルでは、「＝（70.07/20.97）^（1/10）－1」という式を数式バーに挿入し、リターンキーを押せば、12.8％という計算結果が得られるだろう。

株価分析のまとめ

　1996年、バフェットはマクドナルド株を約6,031万3,200株購入した。そのための投資金額は12億6,500万ドルで、1株当たり平均取得コストは20.97ドルだった。このマクドナルド株を疑似債券と見ると、初年度の直利は5.29％、クーポンの成長率は13.6％となる。これをもとにマクドナルド株を10年間保有する場合の期待収益率を計算すると、税引前で12.8％（Q13）から14.3％（Q12）の範囲という結果が得られる。

［パート3］結果評価

　私たちの予想がどの程度正しかったのか、1999年の実績値から検証してみよう。

マクドナルドの予想EPSと実績EPS

	予想EPS	実績EPS	予想に対する誤差
1997年	1.26ドル	1.15ドル	−8.7%
1998年	1.43	1.26	−11.8
1999年	1.62	1.41	−12.9

　ご覧の通り、実績値は私たちの予想を平均11.1%下回った。厳密な科学計算を試みているわけではないので、このようなことも起こりえよう。ところで、1999年のマクドナルドの株価は、35.90ドルから49.60ドルの範囲で推移している。この時点でバフェットがマクドナルド株を売却したとすると、その平均取得コスト20.97ドルにもとづく年平均収益率は、配当を無視しても19.6%から33.2%の範囲に達したことになる。銀行に預けておくよりも、遙かに魅力的な結果ではないだろうか。

　最後に、もうひとつアドバイスを差し上げよう。かつてバフェットは、「投資の世界で最も難しいことは、忍耐である」と述べたことがある。これは真実であり、決して事を急いてはならない。急ぎさえしなければ、いずれは、強力な消費者独占力を持ち、しかも適切な株価で取引されている企業が見つかるはずだ。
　富を築くためには、こうした企業に投資しなくてはならない。すべての条件を満たす株は、そう簡単に見つかるものではない。しかし、辛抱強く待っていれば、個別企業の悪材料や市場全体の短期的な変動が、やがては私たちの望む投資機会を提供してくれるだろう。そうなれば、あとは目の前に盛られた御馳走に手を伸ばすだけのことだ。なんと簡単なことではないか。

訳者あとがき

　ウォール街の最近のジョークに次のようなものがある。いわく、サウスダコタ州のマウント・ラシュモアの中腹には、ワシントン、ジェファーソン、リンカーン、ルーズベルトなど偉大な大統領の顔が刻まれている。一般には知られていないが、実はその裏側にも4人の顔が刻まれる予定で、そのうち2つはすでに完成している。1人はジョージ・ソロスで、もう1人はウォーレン・バフェットなのだ、と。

　この2人に共通しているのは、効率性の高い現代の金融市場では、「分散投資によって余分なリスクは極力回避しつつ、収益率の最大化をはかること」を旨とする、現代投資理論の教えを否定するアプローチによって、長期にわたり目覚しい投資成績をあげてきたことである。「市場は常に間違う」と公言するソロスは、ひとつの市場、あるいはひとつの通貨に関する評価の誤りを絶妙のタイミングで突いて、場合によっては100億ドル単位の巨額の資本を大胆に集中投資し、短期に巨額の利益を稼ぐことで財を成した。

　バフェットもソロス同様に、株式市場は個々の銘柄に関して往々にして間違った値づけをしており、株式投資で成功する第1の法則は、「まず株式市場から離れること」と述べている。そしてやはり、特定少数の銘柄に徹底して集中投資することによって成功してきた。ただ、バフェットはソロスと違って、いったん見込んだ銘柄は長期に持ち続けることを基本にしている。バフェットのこうしたアプローチは、企業のファンダメンタル価値と株価の間に乖離が生じれば、そのつど売買してポートフォリオを入れ替える、いわゆる「アクティブ」運用はもちろん、広く分散されたポートフォリオを機械的に持ち続ける「パッシブ」運用とも異なっている。強いていえば、わが国のメインバンクによる伝統的な政策投資に似ている。

　ハイテク株が脚光を浴びた1998～99年には、「決してハイテク株に投資しない」バフェットのパフォーマンスが市場平

均を大きく下回り、もうバフェットの時代も終わったと囁かれた。しかし、インターネット・バブルが崩壊し、バフェットの堅実な銘柄選択力が改めて評価し直された。また2001年9月の同時多発テロの影響で、バフェットの投資先の再保険事業が大きな損失を被った。だが、バフェットの経営する投資会社バークシャー・ハサウェイ社の株価はその後も堅調に推移し、フォーブズ誌の2002年の「世界の億万長者」番付でも、ビル・ゲイツに続いて堂々2位の座を保っている。ちなみに、バフェットの個人資産総額は実に4兆5,500億円と推定されている。これはすべて、バフェットが30年前に10万5,000ドルを元手に始めた、自己流の銘柄選択法による株式投資で築いたものなのだ。

　最近、わが国ではちょっとしたバフェット・ブームが起きている。大きな書店の店頭にはバフェットの投資哲学や投資手法、人となりなどを詳しく紹介した書物が、何冊も並んでいる。長引くデフレ、ゼロ金利経済と金融ビッグバンの進展、そしてペイオフの解禁によって、いよいよ自己責任による資産運用の必要に迫られ、「オマハの賢人」バフェットにあやかりたいと思う人が増えているのも無理からぬことだ。

　今回、本書を翻訳したのは、何冊ものバフェット本が出回っているものの、個人投資家が自分で投資対象銘柄を選択する上で、本当に役に立つ実践的な手引書は皆無だからである。日本語で紹介されているバフェットものは、大別すると2つのタイプに分けられる。ひとつは、資産運用の専門家によるバフェットの投資哲学および投資手法を解説したものである。専門家には非常に参考になるものの、わが国の一般投資家には高度すぎるものが多い。もうひとつは、たくさんの逸話や実例を中心に、バフェットの人となりや投資に対する考え方をやさしく紹介したものである。バフェット談義に加われるだけの知識を提供してはくれるが、具体的な銘柄選択のための手引きとしてはあまり役立たない。あくまでも一般の個人投資家のために、優良企業の見分け方、適正な買値の算定方法、投資利回りの計算方法まで、具体的に紹介した本書は、他に類例のないものになっている。

本書の第1の特色は、メアリー・バフェットとデビッド・クラークという、長年バフェットと生活を共にしてきた2人によって、もっぱら個人投資家のために書かれていることである。メアリー・バフェットはバフェットの息子の元夫人であり、離婚後もバフェットとは良好な関係を保っている。デビッド・クラークはバフェット一家の親しい友人でもある、ベテランのポートフォリオ・マネジャーで、長年バフェットの投資行動を身近でつぶさに見てきた人物である。この2人がバフェットの特別の許可を得て1997年に出版した*Buffettology*（バフェットの投資学）という書物は、ベストセラーになっている。本書はそれをベースに、ワークブック形式で銘柄選択の手引書としてまとめられたものである。

　第2に、ほかのバフェット本があまりにも多くの概念や知識、手法を網羅しているのと対照的に、本書は株式投資に必要な最低限の概念と知識を、繰り返し繰り返し反復する内容になっていることである。最初はくどいと思いつつも、読み進むうちにバフェットの投資の真髄が自然に頭に叩き込まれ、読み終えた時には産業や企業、株価などをバフェットの枠組みで見始めている自分に気づくだろう。

　第3に、株式投資を「投資先企業のオーナーになったつもりで考える」という視点である。『国富論』を著したアダム・スミスは、有名な「神の見えざる手」の原理を説いたくだりで、価値創造は「1人1人の市民がその価値が最大になるところに持てる金融資産を投入する」ことから始まると書いている。資本主義社会は、誰もがリスクを取って事業を行う自由と意欲を持つ社会だと考えたのである。その後、資本主義が発展するにつれて企業の所有と経営は高度に分離され、今日ではもっぱら株式市場で株券を売買することが投資と考えられるようになった。しかし、価値を生むのは企業であって、市場や株券ではないのだ。株式投資を「市場」ではなく「企業」に投資することと考えるバフェットのアプローチは、まさに投資の原理主義といえよう。

　バフェットによれば、株式市場はごく少数の「消費者独占型」企業と、大多数の「コモディティ型」企業からなってお

り、いかにして前者を見極めるかが投資の鍵を握るという。これは株式投資以前の問題として、読者が商店主であれ自営業であれ、サラリーマンであれ企業経営者であれ、自分や自分の行う事業の「ユニークな価値がどこにあるのか」を考えさせてくれる視点として、普遍的に当てはまるものではなかろうか。

　第4に、本書はワークブック形式を取っており、必ず本文中や各章末に、自分で考えたり計算する問題が用意されいることである。これらを繰り返し解くことによって、知らず知らずのうちに、バフェットの銘柄選択の考え方と方法論が身につくのである。

　投資は結局のところ、数字で成績が測定される知的ゲームである。したがって、ある種の計算作業は避けられない。バフェットが強調する長期投資を行うには、例えば10年後の妥当株価を推定して、10年間の年平均収益率を計算する必要がある。これは一見複雑で専門的に見えるかもしれないが、それは杞憂である。必要なのは加減乗除のほかには、ただひとつ、10乗根の計算だけなのだ。これはパソコンのエクセルを使えば1秒で答えが得られ、そのやり方は本文中で図示されている。

　読者の中にはバフェットの銘柄選択術の基本が習得できたとしても、果たして現在の日本にそれを満たす銘柄があるのだろうかと、いぶかる向きもあるかもしれない。それはもっともな疑問だが、金融ビッグバン以降もはや株式投資に国境はなくなったのである。なるほどわが国企業の収益水準は低く、株価収益率は非常に高い。つまりハイリスク・ローリターン市場となっている。しかし、多少の為替リスクの存在を除けば、今日では日本に居ながらにして自由にアメリカ企業に投資することができ、またインターネットを通して海外企業や市場に関する情報も自由に取得できるのである。バフェットの長期保有の銘柄が大きく下げたところで、バフェットと同じポートフォリオを持つことも可能なのだ。

　もちろん、より先進的な読者はぜひバフェットの銘柄選択術を応用して、わが国の有望な銘柄発掘に挑戦していただき

たい。バフェットが言うように、市場は時として超優良銘柄を大幅に過小評価するという、普遍的な特性を持っているのだから。

　本書を訳出するにあたり、井手が前半を、中熊が後半を分担し、井手が全体を監修した。最後に、日本経済新聞社の佐々木八朗氏には、本書を読みやすいものにするため工夫をしていただいた。この場を借りて謝意を表したい。

　2002年5月

訳者を代表して　井手　正介

メアリー・バフェット バフェットの息子ピーターの元夫人。12年間、ファミリーの一員としてバフェットの投資を最も身近に見てきた。その後もバフェット家との関係は良好である。現在、ビデオ、企業広報などの編集会社のCEO。

デビッド・クラーク ベテランのポートフォリオ・マネジャーで、30年以上にわたるバフェット家の親しい友人。バフェットの当初のパートナーシップの数少ない会員でもある。

＜訳者紹介＞
井手正介 ㈱クレスコ取締役監査等委員。訳書に『ウォール街のランダム・ウォーカー』(日本経済新聞出版社)、『ジム・クレイマーの"ローリスク"株式必勝講座』(宝島社)、『インデックス・ファンドの時代』(監訳、東洋経済新報社)など。
中熊靖和 野村アセットマネジメント 企業調査部部長
　　　　　　2001年 証券アナリストジャーナル賞受賞

億万長者をめざす
バフェットの銘柄選択術

2002年 5 月20日　1 版 1 刷
2024年 4 月24日　43刷

著　者　　メアリー・バフェット
　　　　　デビッド・クラーク
訳　者　　井　手　正　介
　　　　　中　熊　靖　和

発行者　　中　川　ヒ ロ ミ
発　行　　株式会社日経BP
　　　　　日本経済新聞出版
発　売　　株式会社日経BPマーケティング
　　　　　〒105-8308　東京都港区虎ノ門4-3-12

印刷　ディグ／製本　大口製本
ISBN 978-4-532-14977-2　Printed in Japan

本書の無断複写・複製（コピー等）は著作権法上の例外を除き、禁じられています。
購入者以外の第三者による電子データ化および電子書籍化は、私的使用を含め一切認められておりません。
本書籍に関するお問い合わせ、ご連絡は下記にて承ります。
https://nkbp.jp/booksQA